Munz!

Die Autoren

Alois Munz (19.6.1922 – 10.6.1997) war gelernter Fassbinder, arbeitete nach dem Krieg als Kranführer und Betriebsrat in der VOEST Alpine Donawitz und schrieb von 1982 bis 1985 seine Lebensgeschichte händisch nieder. Sein großer Wunsch war es, seine Worte in Buchform veröffentlicht zu sehen.

Zu seinen Lebzeiten war dies aufgrund unerschwinglicher Kosten aber leider nicht möglich.

Christa Handler, seine Tochter, transkribierte erstmals 1985/86 die handschriftlichen Aufzeichnungen ihres Vaters mit der Schreibmaschine und 2021 gelang es ihr, das väterliche Lebenswerk in Buchform zu veröffentlichen.

Alois Munz

Christa Handler

Munz!

© 2021 Christa Handler Urheberrecht und Copyright:
                    Alle Rechte liegen bei der Autorin.
Umschlagmotiv: Alois Munz, posthum
Umschlaggestaltung: Tina Brandmüller, Grafikdesign
Lektorat: Margit Felser
Verlag und Druck:
tredition GmbH, Halenreie 40-44, 22359 Hamburg
ISBN Paperback 978-3-347-32536-4
ISBN Hardcover 978-3-347-32537-1
ISBN e-Book   978-3-347-32538-8
Written in Trofaiach
Originalausgabe

Die Handlung ist größtenteils autobiographisch, Ähnlichkeiten mit lebenden oder verstorbenen Personen sowie geografischen Angaben sind daher nicht immer zufällig.

Bibliografische Information der Deutschen Nationalbibliothek: Die Deutsche Nationalbibliothek verzeichnet diese Publikation in der Deutschen Nationalbibliografie; detaillierte bibliografische Daten sind im Internet über http://dnb.d-nb.de abrufbar.

Nur für ein Jankerl geboren

Ich widme dieses Buch meinen Kindern Carina und Jan-Luca, die ihren Großvater leider nicht bzw. nicht sehr gut kennenlernen konnten.
Meine Tochter war 8 Jahre und mein Sohn noch nicht geboren, als er verstarb.

An meine Eltern:

Danke für eure Wärme und Liebe!

Alois Munz 19.6.1922 – 10.6.1997
Maria Munz 05.10.1926 – 16.04.2018

In liebevoller Erinnerung
eure Christa

Vorwort

Alois Munz, mein Vater, begann seine Lebenserinnerungen aufzuschreiben, als er einige Monate im Ruhestand war, das war vor 39 Jahren.

Bei der Transkription war mir wichtig, dass seine Sprache erhalten bleibt, das heißt, dass dieses Buch nicht der heutigen politischen Korrektheit oder Gesetzlichkeit entspricht. Es wurde von meinem Vater in der ihm eigenen Sprache geschrieben und von mir in keiner Weise abgeändert. Gendern kannte mein Vater noch nicht, ebenfalls verwendete er hin und wieder Begriffe, die heute nicht mehr den gesellschaftlichen Standards entsprechen bzw. eventuell sogar strafrechtlich verfolgt werden würden.

Genau deswegen aber ist dieses sein Buch von der ersten bis zur letzten Seite authentisch.

Mein Vater wurde am 19.6.1922 geboren und durchlebte in den sechzig Jahren, die er beschreibt, bittere Armut, eine beschwerliche Jugend, ähnlich der heutigen Jugend – teilweise ohne Präsenzunterricht, nur, dass damals die Schulen komplett geschlossen waren und quasi Hausarrest herrschte. Er hat den 2. Weltkrieg hautnah miterlebt. Er war auch beim Wiederaufbau nach den Kriegsjahren beteiligt und erlebte viele Höhen und Tiefen in seinem Leben.

Allein die Tatsache, dass er alle Ereignisse, die sein Leben bedrohten, physisch und psychisch unbeschadet überstanden hat, ringt nicht nur mir tiefsten Respekt ab.

Für mich war mein Vater immer mein Held, ich liebte ihn sehr und liebe ihn noch immer.

Erstaunlich ist für mich auch, wie sich die Geschichte immer wiederholt – einzig die Vorzeichen ändern sich.

Dankbar bin ich dafür, dass er sein Leben aufgeschrieben hat, es berührt mich sehr, meinen Vater nach seinem Tod noch einmal neu kennenzulernen.

Ich fühlte mich von ihm immer beschützt und behütet, andererseits war er aber auch sehr streng und autoritär, sodass ich kaum wagte, an seinen Regeln, die er für mich – besonders in der Jugend – aufstellte, laut zu zweifeln.

Für mich als Tochter ergibt sich in der Rückschau auf unsere Familie ein durch und durch harmonisches Bild. Ich hatte meine Eltern kaum einmal beim Streit erlebt und besonders bleibt mir ein Bild meiner Eltern in Erinnerung: Bei Kerzenlicht und einem Glas Wein händchenhaltend auf der Wohnzimmercouch sitzend, im Alter von ca. 70 und 66 Jahren – wie einig, wie romantisch und beinahe kitschig, aber für mich als Tochter einfach wunderschön!

Besonders glücklich bin ich über die vielen Spaziergänge, Wanderungen und Ausflüge, die ich gemeinsam mit meinen Eltern unternommen habe, als ich auch schon eine junge Erwachsene war. Wir führten unzählige Gespräche, von denen ich auch heute noch profitiere und an die ich mich gerne zurückerinnere.

Wiewohl ich nach der Transkription zugeben muss, dass diese Harmonie und das tiefe Vertrauen meiner

Eltern zueinander wohl der Güte meiner Mutter geschuldet war – denn mein Papa hat sein Leben immer mit einem Augenzwinkern gelebt und vor allem in jungen Jahren selten eine Gelegenheit versäumt, um die eine oder andere Dummheit zu begehen. Dies änderte sich im Alter allerdings – als meine Mama 1988 einen schweren Lungeninfarkt erlitt und ihr Leben auf der Kippe stand, verzweifelte er. Damals schrieb er nach ihrer Genesung:

Mein liebes Weiberl,

Du warst sehr krank und hast den Glauben an das Leben nie verloren,
die Ärzte reden davon, du seist an diesem Tag so gut wie noch einmal geboren.
Du bist so zuversichtlich, optimistisch und seelisch so riesig stark,
ich schäm mich fast, ich zweifelte und hatte Angst – ich war schwach.
Obwohl du krank warst, holte ich bei Dir die Kraft.

Wir leben weiter, ich an deiner Seite, wenn ich darf.
(1988 – 10 – 02)

Meine Mutter überlebte meinen Vater um 21 Jahre und hat bis zu ihrem Tod um ihn getrauert.

10.10.1982

Lange schon trug ich mich mit dem Gedanken, ein Buch zu schreiben. Oftmals verworfen wegen der Zweifel über meine eigene Fähigkeit, meine Gedanken, die jetzigen und auch die vergangen, sowie die Erinnerungen einigermaßen vernünftig zu Papier zu bringen. Auch war ich im Zweifel über die Art, wie ich schreiben sollte. Es soll mein Leben beschreiben, also autobiographisch sein, ohne dass es auch nur den Anschein von Memoiren hat. Wen interessieren schon die Meinungen eines Arbeiters! Es müsste die 60 Jahre, die ich bis jetzt lebte, beschreiben ohne dass es ein Geschichtswerk wird. Was sonst? Ein Roman? Ja, aber kein Märchen – sondern mein Leben, eingebettet in eine Zeit voller Wirren und Widersprüche, in der Pessimisten der Meinung sind, dass sich der Mensch schon sehr bald selbst vernichten wird. Aber dieses Buch soll nicht pessimistisch sein und es soll außer meinem Leben die ganze Gesellschaft, in der wir leben, beschreiben, aber von unten. Aus der Sicht des gewöhnlichen Arbeiters, der nicht viel mehr hat als sein Leben – also wie man so schön sagt „von der Hand in den Mund" lebt. Trotz oder wegen dieser Kargheit des Lebens hängt dieser Arbeiter daran, ist nicht übersättigt und kann nicht verstehen… und hat, wie übrigens wahrscheinlich die ganze Menschheit, noch so viele Wünsche.

Die Eltern

Mein Vater war Maurer und stammte aus Böhmen. Er wurde im ersten Weltkrieg durch einen Kopfschuss verwundet und führte in seiner eigenen Jugend ein Aschenbrödel-Leben. Die ganze Familie des Vaters war eine Maurer-Familie. Alle männlichen Familienmitglieder waren Maurer. Großvater und vier Söhne waren den ganzen Sommer in Wien, Salzburg oder Graz auf Arbeit, während die Großmutter mit der einzigen Tochter zu Hause die kleine Wirtschaft betrieb.

Aschenbrödeldasein deshalb, weil der Großvater zeit seines Lebens den Verdacht nicht loswurde, dass mein Vater nicht von ihm stammte.

Meine Mutter war eine Bauernmagd und stammte aus Kärnten. Diese Familie war kleinbürgerlich, der Großvater war Schuhmachermeister und äußerst bigott. Meine Mutter hatte drei Geschwister. Zum Aufbau dieser Familie trugen vier Väter ihr Scherflein bei, jedes der Kinder hatte einen anderen Vater. Der letzte war der Schuster und daher mussten auch die älteren Geschwister schon im Schulalter zu den Bauern, um sich ihr Essen selbst zu verdienen, denn der Jüngste sollte Pfarrer studieren. Die drei ersten Väter hatten sich aus dem Staube gemacht.

Der Krieg 1914 – 1918, bei dem die Kirche auf allen Seiten die Waffen segnete, zerriss nicht nur Staaten und Länder, sondern auch Familien. Michael, so wollen wir meinen Vater nennen, konnte in seinen Familienverband nicht mehr zurück, da er einerseits wegen seiner Kopfverletzung keine vollwertige Arbeitskraft mehr war und zweitens der Argwohn des Oberhauptes noch immer bestand.

Michael kam also nach Ausheilung seiner Verletzung in ein Arbeiterviertel einer Industriestadt, um hier Arbeit zu finden. Mit der gleichen Hoffnung auf Arbeit und Brot zog es auch die Magd in die Industriestadt. Sie war mit 16 Jahren von zu Hause ausgerissen, weil sie außer zu Essen nichts bekam. Der einmal im Jahr auszuzahlende Lohn ging an ihre Eltern und Maria – so wollen wir sie nennen – ging leer aus. So verschwand sie also aus ihrem Land und kam über mehrere Bauernhöfe und mit einem ledigen Kind in der Industriestadt an.

Hier kreuzten sich ihre Wege. Maria, mittellos mit Schimpf und Schande vom Hof gejagt, als offenkundig wurde, dass sie vom Jungbauern schwanger war, jetzt mit ihrem Kind am Arm auf der Suche nach einem Bettplatz. Es war üblich, dass jemand, der ein freies Bett hatte, dieses vermietete, egal wie beengt die Wohnung auch sein mochte.

Sie war erst 19 Jahre alt.

Michael war 29 Jahre alt, hatte ein Zimmer und bei einer Baufirma Arbeit als Maurer. Er hatte soeben eine missglückte Liebschaft hinter sich und war froh, dass er dank Maria der ehemaligen Geliebten zeigen konnte, dass er nicht auf sie angewiesen war – zumal Maria eine imposante Erscheinung war. Ihr Kind störte ihn nicht, er war ein guter Mensch. So blieb sie vorderhand bei ihm, bis sie, wie sie meinte, ein ständiges Quartier gefunden hätte.

Nichts hat eine so lange Lebenszeit wie ein Provisorium! Sie blieb also bei ihm, es ließ sich nichts finden, wo sie mit dem Kind unterkommen konnte. Sie kochte ihm Essen, wusch seine Wäsche und teilte mit ihm das Bett – sie hatten ja nur eines.

Gegen Ende des dritten Nachkriegsjahres wusste sie, dass sie von Michael ein Kind bekommen würde. Michael fühlte sich bis dahin als freier Mensch, die „Bauerntrutschn", wie er sie bei sich nannte, war gut fürs Wirtschaften, seine persönliche Freiheit würde sie ihm nicht nehmen.

Da war eine nahegelegene Kneipe. Der Schock bei ihm war also groß – so groß, dass Michael keine Abwehr- und keine Freudensbekundungen von sich gab – er ging ins Wirtshaus.

Aus demselben Grunde musste er noch dreimal dorthin gehen, bis 1927 waren es fünf Kinder! Das Zimmer, in dem sie wohnten, maß 3,5 mal 5 Meter und war über einem Gasthaus. Ehe sie sich versahen, waren sie eine Familie und obwohl 2 Kinder sehr bald starben, blieben immer noch 3 Buben. Im Jahre 1924 wurde geheiratet, natürlich mussten sie sich die Ringe ausleihen, sie besaßen keine eigenen Ringe.

Und immer öfter wurde Michael arbeitslos, er gehörte zur „industriellen Reservearmee", musste immer öfter auf Suche nach Arbeit gehen. Meistens kam er abends müde und verzweifelt heim. Mit den Worten

„wieder nichts" setzte er sich auf die Kohlenkiste und wartete, bis er etwa zu essen bekam und Maria ihn tröstete und ihm neuen Mut gab. Das waren Augenblicke, wo sie sich innerlich wirklich nahe waren. Die gemeinsame Not hatte sie zusammengeschweißt. Sie ging wieder zu einem Bauern arbeiten, es waren weitschichtige Verwandte des Kindesvaters und sie bekam Milch, Kartoffeln und manchmal auch Fleisch. Hungern mussten sie nicht. Sie waren gute Eltern!

Die Brüder

Der ältere Bruder war ein Musterknabe, er war brav, folgsam und strebsam. Das Letztere vor allem. In der Schule immer ein Vorzugsschüler; wenn er einmal im Zeugnis statt eines Einsers „nur" einem Zweier hatte, weinte er zum Steinerweichen. Keine Frage, dass er immer, wenn die Eltern nicht da waren, die Aufsichtspflicht hatte und diese auch gewissenhaft wahrnahm. Keine Frage auch, dass Rudolf – kurz „Rudl" genannt – immer genau Bericht erstattete, und es ist verständlich, dass er die Schuld für eine Prügelei unter den Brüdern nicht auf sich nahm, sondern den Jüngsten als Zeugen anrief mit den Worten „Gell, ja Fritz". Und der assistierte mit Worten „Jo, da Luis hot ongfongt". Und es war wieder soweit, die gerechte Strafe entgegenzunehmen. Viel, viel später wird ein Psychologe die Theorie aufstellen, die besagt, dass es in jeder Gruppe von Individuen einen Despoten – der oben ist – und ein Aschenbrödel – welches in der Rangordnung ganz unten ist – gibt.

Aber auch das Wissen um diese Dinge hätte mir nichts genützt, ich kam aus meinem Dilemma nicht heraus. Zu Weihnachten bekam ich immer die abgetragenen Kleidungsstücke des Älteren, die Skier, die dieser schon 2 Jahre hatte und Schuhe, die zwar frisch besohlt, trotzdem aber etwas zu groß waren. „Du wirst schon noch hineinwachsen" haben die Eltern gesagt. Dazu kam, dass ich aus Trotz oder Auflehnung in der

Schule nichts lernte. Ich kam in jede Klasse 2 Jahre nach meinem Bruder – dem Vorzugsschüler. Die Lehrer glaubten schon einen Wunderknaben vor sich zu haben. Dann glaubten diese Lehrer, dass sie mit einem Rohrstock meine Dummheit oder Faulheit austreiben könnten. Aber ich war schon ein misstrauischer kleiner Kerl, der bei jeder Rauferei dabei war. Je mehr sie mich schlugen, umso weniger konnte ich zu ihnen aufschauen.

Ich verachtete alle, die lernten und strebsam waren. Ich würde einmal ein Arbeiter werden, in meinen Träumen sah ich mich rußgeschwärzt mit riesigen Muskeln vor einem Amboss stehen und glühendes Eisen schmieden. Auch gelegentlich gutes Einvernehmen mit meinem älteren Bruder, wo die echte Fürsorge des Älteren deutlich zu spüren war, konnte mich nicht von meinem Misstrauen und Einzelgängertum befreien.

Überall und bei jedem auch noch so gut gemeinten Ratschlag eines anderen witterte ich Bevormundung und mein Widerspruchsgeist wuchs und wuchs. Dabei war ich ein Träumer!

Ich träumte aber nicht von einem Schloss und von Reichtum, sondern ich wollte auch auf die Wanderschaft gehen. In den 20er und 30er Jahren gingen die arbeitslosen ledigen Burschen auf Wanderschaft. Sie gingen auf die „Walz" und erzählten viel, wenn sie wieder heimkamen. Dass diese jungen Männer teilweise betteln gehen mussten, weil die Not sie dazu trieb, wusste ich nicht. Ich dachte mir auch nichts, als

die Frau des damaligen Bundeskanzlers den Arbeiter-
frauen empfahl, doch aus der Wursthaut eine Suppe
zu machen, denn diese sei gut und nahrhaft.

Die Arbeiter im ganzen Stadtviertel waren in heller
Empörung, aber in meiner Familie wurde über Politik
oder Parteien nicht gesprochen. Beide Elternteile waren „Sozi" – Sozialdemokraten, aber wenn man sie gefragt hätte, warum sie das waren, hätten sie sicher
keine Antwort gewusst. Das war aber kein Einzelfall,
auf eine solche Frage hätte im ganzen Arbeiterviertel
nur einer eine Antwort gehabt und das war ein wort-
karger Sonderling, den alle scheu grüßten.

Dieser Mann war auf vielen Gebieten bewandert.
Manchmal kam es vor, dass er von ein paar Männern
etwas gefragt wurde, dann holte er ein paar Bücher, las
ihnen vor, erklärte es kurz, klappte das Buch wieder zu
und ging. Für Diskussionen war keine Zeit und das
Ganze diente mehr seinem Ansehen als der Aufklärung der Arbeiter.

Das Jahr 1934 war ein ereignisreiches Jahr. Mein älterer Bruder war 14 Jahre und kam aus der Schule. Natürlich mit Vorzug! Ich selbst war 12 und besuchte die
zweite Hauptschulklasse. Disziplin war oberstes Ge-
bot – vor dem Unterricht ein Gebet selbstverständlich. Im Geschichtsunterricht lernten wir von österreichischen Helden mit den dazugehörigen Jahreszahlen,
statt turnen lernten wir marschieren und wenn einer
nicht Schritt halten konnte, bekam er es mit dem Stock

zu tun, mit dem sonst der Lehrer den Takt angab: links, zwo, drei, vier…

Von meinem älteren Bruder hatte ich jetzt Ruhe, der ging bei einem Kaufmann in die Lehre und war den ganzen Tag nicht daheim. Ich selbst war endlich der unbestrittene Anführer einer Schar von 15 – 20 Kindern.

Aber das Jahr 1934 grub sich anders in mein Gedächtnis, da war etwas im Gange; die Erwachsenen sprachen neben den Kindern nicht, schickten uns weg und tuschelten miteinander. Die üblichen Streitereien fehlten.

Plötzlich kamen Autobusse in die Stadt und holten alle Männer. Auf die Frage der Kinder, wo der Vater denn hinfährt, bekamen sie nur eine ausweichende Antwort und „das versteht ihr nicht". Und die Kinder verstanden wirklich nicht.

Sie verstanden weder, warum das eine Gasthaus das der Roten war und das andere das der Grünen. Sie verstanden nicht, warum die erwachsenen Männer auf der Straße gleich rauften, obwohl sie gar nicht gestritten hatten und auch sonst kein Grund sichtbar war. Und sie verstanden auch nicht, warum die Roten arbeitslos waren, während die Grünen schon ihrer Arbeit nachgingen und somit die Not ihrer Zeitgenossen nicht teilen mussten. Wie sollten es denn die Kinder verstehen – die Erwachsenen verstanden es ja auch nicht!

Mein Vater fuhr also mit dem städtischen Autobus weg. Die Schule war geschlossen (das war gut so), Maria war besorgt, wir Kinder wurden angewiesen, im

Hof zu bleiben. Das war ungewöhnlich, denn unser Spielplatz war eine große bewaldete Niederung, wo wir normalerweise Eichkätzchen jagten oder Wespennester zerstörten, oder einfach unsere Indianerspiele spielten, mit aus Farnwedeln gebauten Zelten oder Baumhäusern.

Der Vater war nicht da und wir Kinder durften nicht weg. Von weitem waren Schüsse zu hören und das Wort „Bürgerkrieg" wurde geflüstert. Es war eine niederdrückende Stimmung, die auch nicht nachließ, als nach einigen Tagen der Vater wieder da war. Er muss in der Nacht gekommen sein, ganz heimlich. Trotzdem kamen gleich am folgenden Tag die „Heimatschützer", die Grünen, und sie kamen bewaffnet und trieben Vater und mit ihm alle „Sozi" aus dem Arbeiterviertel, mit Fußtritten und Schlägen mit dem Gewehrkolben aus der Wohnung auf die Straße, wo sie in einer Kolonne, bewacht wie Verbrecher, abmarschieren mussten.

Die gewaltsame Empörung der Sozialdemokraten war gescheitert und vorläufig vergeblich. Die meisten wurden eingesperrt, einige konnten flüchten und Koloman Wallisch wurde erhängt. Wenn bisher der Streit der Erwachsenen die Kinder kaum berührte, so war das jetzt auf einmal anders. Die Kinderfreundeorganisation wurde aufgelöst, die Katholische Jugend blieb natürlich bestehen. Da die Heimatabende der Kinderfreunde entfielen, die Katholischen aber die ihren verstärkten, konnte man die hämische Schadenfreude nicht übersehen. Die Folge war, dass sie bei den Spielen nicht mehr mittun durften und die weitere Folge waren auch hier Raufereien, die sich bis in die Schulklassen ausweiteten.

Inzwischen kam der Juli dieses Jahres 1934.

Jetzt putschten die Nationalsozialisten. Was sie wollten, wussten wir noch nicht, die Schüssen kamen näher.

Die Schule wurde wieder geschlossen, die Kinder mussten wieder daheimbleiben. Der Vater machte ein sorgenvolles Gesicht. Die alten „Sozi" waren sich in einem einig – da konnte nichts Gutes herauskommen. Wieder peitschten Schüsse, direkt im Arbeiterviertel, und alle liefen in ihre Wohnungen.

Aber auch dieser Putsch wurde niedergeschlagen, die Nazis eine Zeit lang eingesperrt und alles war wie vorher.

Der Vater war noch immer arbeitslos – wenn vorher gesagt wurde, alles war wie vorher, dann mit einer Ausnahme: Während dem Vater bisher immer nahegelegt wurde, doch dem Heimatschutz beizutreten und er dies immer mit voller Unterstützung der Mutter standhaft abgelehnt hatte, wurde ihm jetzt ganz offen und deutlich gesagt, dass er zur NSDAP gehen müsse, wenn er arbeiten wolle. Auch dies tat er nicht und blieb prompt ob seiner Treue zur Sozialdemokratie arbeitslos.

Ich war damals 12 Jahre alt und hatte mir immer gewünscht, der Pascha der Kinderschar zu sein. Solange mein älterer Bruder da war, ging das nicht, und jetzt, wo ich es plötzlich war, hatte ich keine Lust mehr, setzte mich immer mehr ab und schloss mich älteren Jugendlichen an.

Da wurden keine Spiele mehr gespielt, es war eine verwegene Bande, aber das wusste ich zu diesem Zeitpunkt nicht. Mir gefiel es, wie diese Buben jeden Birnen- und Apfelbaum bei den Meister- und Ingenieurgärten nicht nur kannten, sondern regelrecht abräumten. Das fing im Frühjahr bei den Kirschen an, ging über in die Ananasbeete, die Erbsen, die gleich mit den Schoten gegessen wurden, bis zu den späten Lederäpfeln.

Aber damit nicht genug. Der Bäcker, der täglich frisches Gebäck mit einem Pferd und leichten Wagen in das Viertel brachte, wurde regelrecht bestohlen. Und sie lachten und freuten sich darüber, wenn einer eine ganze Schachtel voll Schwedenbomben erbeutete.

Ich war einer von ihnen, war zwar der Jüngste, aber wurde in dieser Runde anerkannt. Ich gefiel diesen 15- und 16jährigen und das gefiel wiederum mir. Ich bekam manchmal ein Tracht Prügel, wenn ich nicht mehr rechtzeitig vom Baum herunterkam oder über den Zaun oder die Mauer entwischen konnte, der Eigentümer mit seinem Hund unten wartete und alle anderen bereits getürmt waren.

Aber nicht nur wegen dieser Gaunereien gefiel es mir bei meinen Freunden oder wegen der Anerkennung, die sie mir zollten. Nein, da war noch etwas:

Ganz in unserer Nähe war die Werkschule und die hatten einen eigenen Sportplatz mit einer 100 m Aschenbahn und einem Rundkurs. Gleich daneben war ein kleines Schwimmbad. Von allen wurde es immer als Werksbad bezeichnet. Wir durften an Nachmittagen den Sportplatz benutzen, wir rannten die 100 m als bekämen wir einen Pokal dafür und wir liefen 3000 m, wobei mir besonders einer mit aufmunternden Worten und guten Ratschlägen half. Er sagte mir auch, dass ich auf das Ausatmen mehr Wert legen müsse, das solle man ganz bewusst und nicht nur automatisch machen. Er lernte mir auch das Schwimmen, was ich ohne viel Mühe schaffte.

Die Freundschaft zu Christian, so hieß dieser Junge, war tief und ich wäre für ihn – wie man so sagt – durchs Feuer gegangen. Es fiel Christian auch jeder Schabernack ein. Wir hatten wieder stundenlang am Sportplatz alles Mögliche getrieben und als es dunkel wurde, sprangen wir, wie schon öfter zuvor, ins Werksbad hinüber. Wahrscheinlich waren wir zu laut und der Bademeister, der dort eine Dienstwohnung hatte, kam mit lautem Gebrüll und jagte uns davon. Aber wir liefen nicht weit, denn Christian hatte eine Idee. Wir warteten noch eine Zeitlang, dann schlichen wir uns wieder ins Bad, diesmal aber ganz leise und warfen alle Holzbänke, die rund um das Becken aufgestellt waren, ins Wasser.

Am nächsten Vormittag wollten wir alle ins Bad gehen (es waren Ferien) und dem Bademeister zusehen, wie er die Bänke aus dem Wasser zog. Als ich dorthin kam, schwammen die Bänke noch im Wasser, drei Jungs aus meinem Verein standen beim Bademeister und dieser winkte mich auch gleich zu sich. Ohne viel zu fragen und ohne sichtbare Erregung sagte er: „Stehenbleiben da." Dann kam der fünfte von uns und es fehlte nur noch Christian. Aber der kam nicht. Entweder hatte er von weitem zugesehen, wie es uns erging und war gewarnt, oder es stimmte, was er uns später erzählte, dass er nicht kommen konnte. Auf jeden Fall mussten wir fünf die Bänke aus dem Wasser ziehen. Der Bademeister, noch immer mit stoischer Ruhe: „Wenn euch euer Kumpel im Stich lässt, müsst ihr das ohne ihn machen!"

So vergingen 2 Jahre, meine Freundschaft zu Christian war ungebrochen. Über die Schwerarbeit mit den Bänken im Wasser dachte ich nicht viel nach.

Genauso wenig dachte ich darüber nach, dass die Gaunereien immer dreister und frecher wurden. Die Dinge kamen, wie sie eben kommen mussten, aber vorher wurde ich von dieser Gruppe durch ein Verbot meiner Mutter getrennt. Ich durfte mit Christian und seinen Freunden nicht mehr verkehren und auch nicht mehr sprechen. Das war sehr hart für mich, jetzt war ich bald 14 Jahre und es ging dem Schulschluss zu.

Nicht nur, dass ich mit Christian nicht mehr reden durfte, ich musste auch im Zimmer bleiben und lernen, das war überhaupt nicht nach meinem Geschmack. Aber ich beugte mich – die Autorität der Mutter, aber auch die Liebe zu ihr gaben den Ausschlag. Es brachte mich auch eher zum Nachgeben, weil sie mit mir ganz ruhig sprach und nicht mit Schlägen meine Einsicht zu erzwingen suchte.

Dass sie Recht hatte, zeigte sich sehr bald. Eine Bande von fünf Jugendlichen wurde ertappt, als sie ein Spirituosengeschäft plünderten. Überflüssig zu sagen, wer sie waren. Die ehemaligen Freunde von mir! Sie waren betrunken und hatten einen Mordsspaß, als man sie einsperrte. Ich habe Christian nie mehr gesehen.

Schulschluss!

Und das für immer. Endlich nichts mehr lernen!

Ein Glücksgefühl, ein Empfinden der Befreiung von Zwang. Alle Schüler gingen sich artig von den einzelnen Lehrpersonen verabschieden, es war immerhin die 4. Klasse Hauptschule und wir machten den ersten Schritt ins Leben, wie der Herr Direktor sagte.

Ich konnte mich nicht dazu entschließen. Trotzig verließ ich die Schule mit dem festen Willen, nie mehr da hinein zu gehen. Mit dem gleichen Trotz habe ich es schon vorher abgelehnt, einen Freund meines Vaters zu bitten, mir der Firmpate zu sein – ich wurde nicht gefirmt.

Aber der Ernst des Lebens kam auch ohne das Sakrament der Firmung. Jetzt zeigte sich, dass ein gutes Zeugnis doch ein Vorteil wäre. In der Werkschule wurde ich nicht aufgenommen, da nur Söhne von Werksarbeitern eingestellt wurden. Der Vater war aber arbeitslos – aus schon bekannten Gründen. Ich wollte Schmied werden, aber der einzige Schmied in der Nähe hatte Bedenken wegen meiner geringen Größe.

Die Mutter sprach schon davon, dass, wenn ich keinen Lehrplatz fände, ich halt zu einem Bauern als Knecht arbeiten gehen müsste.

Nun, das war auch nicht nach meinem Geschmack, zumal ich überzeugt war, dass es der Mutter ernst war mit ihrer Meinung. „Es kommt auf die Anständigkeit an und nicht auf den Beruf, den einer hat" war einer ihrer stehenden Sätze.

Ich beschloss bei mir, nicht mehr wählerisch zu sein und jeden sich bietenden Beruf zu ergreifen. Nur „Halterbube" wollte ich nicht sein. Eines Tages kam mein Vater mit der Neuigkeit, dass er einen Lehrplatz für mich habe. Ein Fassbinder suche einen Lehrling. „Was ist ein Fassbinder?" ging es mir durch den Kopf. Am nächsten Tag ging ich mich vorstellen, natürlich ging mein Vater mit und die Bekanntmachung bzw. das Vortragen unseres Anliegens ging glatt und freundlich vor sich. „Ein bisschen klein ist er, aber er wird sich schon machen", sagte der Meister und „morgen um 7.00 Uhr fangen wir an" setzte er hinzu.

Ich war jetzt Fassbinderlehrling. Die Arbeitszeit war von 7 Uhr früh bis 19 Uhr abends mit 1,5 Stunden Mittagszeit und ich musste in diesen 90 Minuten rund 6 Kilometer heimgehen, zu Mittag essen und die 6 Kilometer wieder zum Arbeitsplatz zurückgehen. Das ging sich mit der Zeit kaum aus und ich bekam von den Eltern ein Fahrrad. Wie sie das machten, von wo sie das Geld hatten, darüber dachte ich nicht nach, ich war nur froh, dass ich nicht mehr laufen musste, wenn ich vom Mittagessen rechtzeitig um 13.30 Uhr in der Werkstatt sein wollte.

Das Fassbinderhandwerk hatte ich mir etwas anders vorgestellt, besser gesagt, ich hatte überhaupt keine Vorstellung. Die Dauben sind aus Eichenholz, müssen, nachdem sie lange genug gelagert waren, grob mit einer Axt in ihre Form gebracht werden und dann mit Hobel und Reifmesser auf genaues Maß bearbeitet werden. Mit Feuer werden die Dauben gebogen, die Reifen aufgeschlagen, die Böden eingearbeitet, alles mit den Händen. Keine einzige Maschine und wie gesagt, der Werkstoff ist Eichenholz, die Reifen aus Bandeisen, die wir natürlich auch selbst genietet haben.

Das Erste, was ich zu spüren bekam, waren die Blasen an den Händen. Immer wieder Blasen, es war eine Erholung, wenn ich für die Familie des Meisters die Schuhe putzen musste. Mein dickschädeliger Trotz half mir dabei, hier durchzuhalten. Mit Schwielen an den Händen und Schmerzen in den Schultern und Armen kam ich am Abend hundemüde heim und ging trotzdem zum nahen Sportplatz und lief, oft einsam, meine Runden. Im Sommer lief ich auch noch ins Bad hinüber, aber nicht mehr, um Bänke hineinzuwerfen, sondern einfach ein paar Längen zu schwimmen. Manchmal guckte mir der Bademeister zu, sagte aber nichts und ich hatte vor ihm großen Respekt.

Heimwärts ging es wieder über den Zaun, barfuß mit der nassen Badehose lief ich heim. Das Abendessen war meist der Rest vom Mittagessen, das verschlang ich, wusch mir meine Füße und schlief auf meinem Strohsack, bis mich meine Mutter am nächsten Morgen beinahe mit Gewalt aus den Federn holen musste.

Am Sonntag, wenn es das Wetter erlaubte, ging ich meist auf einen nahen Berg – ich hatte auch schon wieder einen Freund. Es war dies ein gleichaltriger Junge aus Kärnten, der bei Verwandten im selben Häuserblock wohnte und die Hauptschule besuchte, um dann in einer Filiale der Firma Meinl in die Lehre zu gehen. Ein groß aufgeschossener, magerer und blasser Junge, dessen Vater Bergbauer war. Die anderen Kinder und Jugendlichen hänselten ihn wegen seiner etwas singenden Aussprache, die den Kärntnern eigen ist. Ich ärgerte mich über diese Spötter und half dem Sepp – so hieß der blasse Bub aus Kärnten – gegen seine Widersacher, das war die ganze Kinderschar. Ich war dafür bekannt, dass ich sehr stark war und alle wussten, dass ich jähzornig war und sehr schnell und hart zuschlug. So hatte Sepp bald seine Ruhe und es entwickelte sich eine Freundschaft, die ein Leben lang halten sollte.

Bei einer solchen Bergtour, die nicht um des Gipfels willen oder die Bezwingung einer steilen Wand gemacht wurde, sondern einfach aus Freude an der Natur und natürlich um ein paar begehrte Blumen heimzubringen, stürzte ich aus ca. 25 Meter Höhe ab. Ich fiel auf eine steile Geröllhalde, wo ich noch weiterkugelte, bis mich ein Mann auffing. Außer Knochenbrüchen an den Beinen, einem fleischigen Rücken, aufgeschlagenen Armen und Händen hatte ich keine ernsthaften Verletzungen, keine Verletzung am Kopf.

Natürlich hatte ich einen Schock, den hatten aber auch der Sepp und die beiden Mädchen, die mit von der Partie waren. Am schlimmsten war für mich die Reinigung des Rückens, dieser wurde zuerst mit Jod bestrichen und dann wurden mit einer Pinzette die kleinen Steinchen, die im Fleisch steckten, entfernt. Ich vergrub meine Zähne in einen Polster, sonst hätte ich laut schreien müssen. Wenn jemandem gesagt wird, er müsse 2 Monate im Spital bleiben, dann kommt ihm das wie eine halbe Ewigkeit vor. Wenn er es dann aber hinter sich hat, war es gar nicht so arg lang. So ging es auch mir, ich konnte mich später nur mehr daran erinnern, dass die Patienten einmal einen Hungerstreik durchführen wollten, weil es am Abend „Sterz" gab. Das ist eine aus Maismehl und Schweineschmalz zubereitete Speise. Ich fand nichts Schlechtes am „Türkensterz", wie wir dieses Essen bei uns daheim nannten, und ich aß ihn, sehr zum Missvergnügen der anderen Patienten. Sie ließen es mich auch spüren, dass ich ihnen – wie sie es nannten – in den Rücken gefallen war. Besonders die kleinen Handreichungen eines Mädchens, sie war schon 17 oder 18 Jahre und ich war 15 Jahre, vermisste ich sehr. Ich himmelte sie an. War sie doch an mein Bett gekommen, als man mich erschöpft und schwitzend vor Schmerzen aus dem Operationssaal ins Zimmer brachte und sie hatte meine Hand gehalten bis ich eingeschlafen war.

Jetzt ließ sie sich nicht mehr blicken und weckte damit meinen alten Trotz. Beim nächsten Sterz-Abendessen bat ich um eine zweite Portion und hatte damit alle restlichen Sympathien bei den Mitpatienten verspielt. Das war das Einzige, das mir von diesem 2-monatigen Spitalsaufenthalt in Erinnerung blieb und ich konnte – wenn ich daran dachte – ein Schmunzeln nicht verbergen.

Der Gips am rechten Fuß war weg, das linke Knie verheilt, ich musste wieder zur Arbeit und fand an der schweren Arbeit der Fassbinderei Gefallen. So verging 1937 mein erstes Lehrjahr. Samstagnachmittag musste immer die Werkstatt aufgeräumt werden und dann musste ich Kunden beliefern und bekam dabei natürlich Trinkgeld. Lohn bekam ich im ersten Lehrjahr keinen. Von diesen Trinkgeldern kaufte ich mir eine Schweizer Armbanduhr und hatte noch so viel übrig, dass ich der Mutter drei Stück Frotteehandtücher als Weihnachtsgeschenk kaufen konnte, womit sie übrigens mehr Freude zeigte, als mit dem wesentlich teureren Geschenk meines älteren Bruders.

Der Jüngere ging noch zur Schule und war beim Lernen noch fauler als ich, aber man sah jetzt mit seinen 13 Jahren schon, dass er einmal ein hübscher Jüngling werden würde. Er selbst wusste das auch, denn er verbrachte sehr viel Zeit vor dem nicht mehr ganz klaren Spiegel.

Um die politischen Vorgänge und Zusammenhänge kümmerte ich mich überhaupt nicht. Turnen, laufen, springen und schwimmen im Sommer und Schi laufen im Winter beschäftigten mich in meiner Freizeit voll, obwohl ich keine Siegeslorbeeren erzwingen wollte. Ein bisschen mehr Interesse für das, was ringsum geschah, hätte mir vielleicht mehr Einblick in die Geschehnisse des März 1938 gebracht. Aber ich war 16 Jahre alt und hatte niemanden, der mich auf diesem Gebiet geführt hätte. So kam es also, dass ich am Abend des 12. März 1938 überhaupt nicht wusste was da los war.

Ein Fackelzug, hieß es, wird abgehalten!

Der Meister machte schon Feierabend, damit wir schauen gehen konnten. Das war überhaupt nicht seine Art, wir mussten meist länger arbeiten und es war auch noch nie vorgekommen, dass um eine ganze Stunde früher Arbeitsschluss war. Ich ging also schauen und es war in vielerlei Hinsicht überwältigend, was ich da sah.

Die ganze Stadt war scheinbar auf den Beinen, die Straßen waren voll von Menschen. Die Gendarmerie als Ordnungshüter hatte rote Armbinden mit Hakenkreuzen. Einen dieser Gendarmen kannte ich, weil dieser ganz in meiner Nähe wohnte. Er hatte ein rundes Abzeichen an seiner Uniform, von dem die Umstehenden sagten, das sei ein „Illegaler" und der Herr Inspektor schien stolz darauf zu sein.

Die Gendarmen und Polizisten bemühten sich, die Straße leer zu bekommen, denn schon kam die SA in braunen Uniformen, voran ein Spielmannszug mit Trommeln und Pfeifen. In diesen Uniformen steckten

Männer aller Altersgruppen, auch aus dem Arbeiterviertel. Männer, die vor vier Jahren noch zum sozialdemokratischen Schutzbund gehörten. Auch war dies keine spontane Aktion, sondern das perfekte Ergebnis langer und gründlicher Vorbereitungen.

Kurz bevor der Spielmannszug den Hauptplatz erreichte, hörten die Trommeln und Pfeifen mit ihrer Marschmusik auf und zur gleichen Zeit begann mit einem Schlag die SA mit einem ihrer Kampflieder.

Das schien für die Menschenmassen auf den Gehsteigen das Zeichen für einen tosenden Beifallsturm zu sein. Sprechchöre wiederholten immer wieder die Worte „Ein Volk, ein Reich, ein Führer", bis der ganze Hauptplatz mitbrüllte. Die SA war inzwischen in den ovalen Hauptplatz eingebogen, wo eine Kundgebung stattfand. Der allgemeine Jubel, der Lärm und die Begeisterung waren enorm und doch sah und hörte ich noch etwas Anderes.

Da schob sich eine Gruppe von jungen Männern aus dem Arbeiterviertel durch die Menschenmassen. Sie schrien sich auch die Kehlen heiser, aber nicht etwa mit „Heil Hitler" oder „Ein Volk, ein…", sondern sie riefen immerfort: „Heil Moskau!"

Wenn auch ihre Begeisterung und ihr Einsatz groß waren, gegen die -zigtausend Schreier kamen sie nicht auf, sie erhöhten nur den Lärm. Was bei der Kundgebung gesprochen wurde, begriff ich nicht, ich verstand nur, dass Österreich jetzt endlich frei sei und zu Deutschland gehöre!

Als ich heimkam, saßen die Eltern beim Tisch, sie waren nicht „schauen" gegangen. Sie waren ein bisschen niedergeschlagen, denn der ältere Bruder war mit der SA mitmarschiert. Er war also schon vorher bei der NSDAP, also auch illegal, was wie ein Prädikat für wertvoll war, aber für die Eltern eine Enttäuschung zu sein schien.

In den nächsten Wochen änderte sich vieles. Mein Vater bekam Arbeit, unsere Familie bekam eine größere Wohnung, zwar auch nur Küche und Zimmer, aber das immerhin doppelt so groß wie vorher. Im selben Haus wohnte der schon erwähnte Gendarmerie Inspektor. Die Kinder wurden angewiesen, immer freundlich zu grüßen, das hatte jetzt mit „Heil Hitler" zu geschehen. Mir wurde angeboten, jetzt in die Werkschule zu kommen, jetzt wäre eine Lehrstelle in meinem Traumberuf Schmied frei. Trotzig lehnte ich ab. Früher wollten sie mich nicht, war meine Reaktion, und ich lernte das Fassbinderhandwerk aus.

Der Meister war übrigens auch illegal, worauf er sich nicht wenig zugutehielt. In der Wohnung des Meisters wurde deutsche Polizei einquartiert und die Aufmerksamkeit, die die Frau Meister den großen, blonden Polizisten widmete, schien ihrem Mann nicht besonders zu behagen, denn er ging öfter als vorher von der Arbeit weg in seine gleich neben der Werkstatt befindliche Wohnung. Der ältere Lehrling, der seine Freisprechung vor sich hatte, und ich nutzten diese Phasen, um miteinander zu plaudern, denn sonst war das Sprechen während der Arbeit nicht erlaubt.

Eines Tages bekam ich eine Einladung zu einem Heimatabend der Hitlerjugend. Ich stellte mir den Abend so vor, wie er früher bei den Kinderfreunden war, mit heiteren Spielen, mit Singen und mit Basteln. Ich ging auch deshalb hin, weil ich die HJ ein bisschen beneidete wegen ihrer feschen Uniform und wegen dem breiten Gürtel, aber vor allen Dingen wegen dem Messer, das sie an diesem Gürtel hängen hatten.

Ich ging also zu diesem Abend und war furchtbar enttäuscht!

Zuerst war es so, dass keiner mit mir sprach, ich war immerhin bald 16 Jahre alt, alle anderen waren durchwegs jünger. Dann kam einer hereingestürmt und brüllte laut „er kommt". Wie in der Schule liefen alle auf ihren Platz, es waren auch die Tische und Bänke wie in der Schule angeordnet. Und dann kam ER. Alle sprangen von ihren Bänken hoch, er schaute majestätisch in die Menge und sagte „Heil Hitler" und alle brüllten „Heil Hitler" zurück", dann rief ER „Setzen!".

Mich würdigte er mit keinem Blick – wir kannten uns. Dieser ER war jahrelang der Vorzugsschüler meiner Klasse in der Hauptschule gewesen. Dieser ER hatte die ganzen Jahre seine Schulkameraden beim Direktor, bei den Lehrern und beim Pfarrer verpetzt. Und er hatte nicht nur einmal von mir eine Tracht Prügel bezogen; nein – wir waren keine Freunde! Und jetzt hielt dieser Arschkriecher einen Vortrag. Er sprach über die deutsche Frau, die deutsche Mutter und welche Ehre es sei, viele Kinder zu haben. Ich dachte an zu Hause – wir waren viele gewesen und keiner hatte etwas Richtiges zum Anziehen gehabt. Und ich dachte daran, wie ich mit meinem älteren Bruder gemeinsam eine Wollhaube zum Schulgehen gehabt hatte.

Endlich war dieser Schwätzer fertig und ich verließ grußlos den Raum. Die sollten sich ihr Messer behalten – unter diesen Umständen wollte ich keines.

Einen Monat nach Einmarsch der deutschen Truppen in Österreich sollten die Ostmärker – wie sie jetzt hießen – darüber abstimmen, ob sie für einen Anschluss an Deutschland waren oder dagegen – sie waren zu 99 % dafür. Was tat´s, dass es keine geheime Abstimmung war, was tat´s, dass dutzende Augen darüber wachten, dass ja kein falscher Zettel in die Urne kam. Für den „rechtmäßigen" Verlauf sorgten SA-Männer in Uniform. Der Welt wurde bewiesen, dass die Ostmark schon immer „heim ins Reich" wollte.

Einen Tag nach der Abstimmung, also am 11.April, rückte mein älterer Bruder freiwillig zur Waffen-SS ein. Die Trauer bei den Eltern war groß. Tagelang weinte die Mutter, der Rudl war ja noch keine 18 Jahre alt. Seine Freisprechung hatte er natürlich mit Auszeichnung gemacht. Ich hatte keine Ahnung, was es bedeutete, dieser SS anzugehören, sie bestand nur aus Freiwilligen und unterstand, so wurde damals gesagt, der Polizei. Dem Rudl wurde von all seinen Freunden eine glänzende Karriere prophezeit. Nur die Eltern sahen schwarz.

In der Folge hatte ich ein bisschen ein schlechtes Gewissen. Da war etwas, was mich schon lange bedrückte, es war schon einige Jahre her. Es war Winter gewesen, wir gingen noch zur Schule. Ich hatte mit anderen Kindern ein großes Haus aus Schnee gebaut, innen natürlich Platz für 4 – 5 Kinder. Sie waren mit großem Eifer bei der Sache. Der Rudl kam später von der Schule heim und machte wie immer – bevor er zum Spielen ging – seine Hausaufgaben. Als er dann in den Hof kam, war das Schneehaus fertig. Er ergriff sofort die Initiative und bestimmte, dass aus diesem Haus eine schöne Kirche gebaut werden müsse. Damit waren aber weder die Kinder und am wenigsten ich einverstanden. Es kam – wie so oft zwischen uns Brüdern – zu einer Rauferei. Im Verlauf dieser Rauferei sprang der Ältere auf das Schneehaus, um es zu zertrampeln. Es gelang ihm auch, nur sank er bis zur Brust durch das Dach und konnte sich nicht schnell befreien. Diese Gelegenheit nutzte ich, um ihm gleich gehörig mit der Schneeschaufel zuzusetzen.

Endlich war Rudl frei und ich musste die Flucht ergreifen. Ich lief so schnell ich konnte in unsere Wohnung, in der Anwesenheit der Mutter würde er mir nichts tun können. Doch es war niemand da und Rudl kam schon die Stiege heraufgerannt. In der Hektik ergriff ich ein langes Tischmesser – ich würde mich auf keinen Fall schlagen lassen! Rudl stürmte voller Wut ins Zimmer und sah mich mit dem Messer in der Hand. Sein Gesichtsausdruck wechselte von Wut zu Erstaunen und er sagte – noch außer Atem – „Du würdest also mit dem Messer auf deinen eigenen Bruder losgehen?"

In meiner Verteidigung – ich war ja auch moralisch in die Enge getrieben – und ohne die wirklichen Verwandtschaftsverhältnisse zu kennen, schrie ich die Worte: „Du bist ja gar nicht mein Bruder!"

Rudl drehte sich um und ging langsam die Stiege hinunter. Seitdem war dies zwischen uns.

Jetzt, wo Rudl weg war und die Mutter weinte, musste ich oft an diese Begebenheit denken und obwohl ich mir immer wieder einredete, dass Rudl selbst schuld sei – hätte er uns nur in Ruhe gelassen! – kam doch etwas wie Reue auf.

Der Alltag forderte seine Rechte. Ich war im 2. Lehrjahr und bekam drei Reichsmark pro Woche. Eine Mark und 50 Pfennig gab ich daheim ab, als Kostgeld. Dabei aß ich solche Mengen, dass jedem Zuschauer die Augen übergingen. Ich war jetzt auch größer und noch breiter geworden und hatte Muskeln, wie ich es mir immer erträumt hatte. Und so ist es auch zu verstehen, dass diese 1 Mark 50 Pfennig, die mir in der Woche blieben, ein Opfer meines ständigen Appetits wurden.

Mein Vater musste in diesem Jahr noch einmal zur Abstimmung. Als das Sudetenland befreit wurde, musste natürlich wieder eine Urabstimmung die vorhergegangene Inbesitznahme legalisieren. Und wieder waren es 99%.

Von Rudl kamen nur spärlich Briefe. Er kam zuerst nach Dachau und wurde bald nach Oranienburg überstellt. Für uns hatte das aber keine Bedeutung.

Das Jahr 1938 konnte aber noch mit zwei Naturereignissen aufwarten. Da war zuerst ein sintflutartiger Regen, sodass der Fluss über die Ufer trat, was bisher noch niemand erlebt hatte. Teile der Stadt standen unter Wasser, eine Brücke war überflutet und daher unpassierbar. Unmengen von Holz, entwurzelten Sträuchern und anderes Treibgut stauten sich an der Brücke und man fürchtete schon, dass sie diesem Druck nicht standhalten würde. Aber sie hielt.

Das zweite war eine Art Nordlicht, aber es war rot und bedeckte den halben Himmel. Das gab allen abergläubischen und anderen naiven Gemütern Stoff für die absurdesten Weissagungen und Befürchtungen. Auch mein Vater kam heim und äußerte sich in diese Richtung. Auf die Einwände meiner Mutter, dass dies eben wie ein Regenbogen ein Naturschauspiel gewesen sei, antwortete er nur: „Und i bleib dabei, des bedeutet Unglück und es wird viel Blut kosten". Es war dies noch tagelang Gesprächsthema Nr. eins.

Es kam das Jahr 1939. Ich war im dritten Lehrjahr. 3,5 Jahre hatte ich zu lernen. Wochenverdienst waren 6 Reichsmark, davon gab ich 3 RM daheim ab. Die Arbeit war für mich keine Belastung mehr, meine Schwielen an den Händen waren gleich wie die des Meisters und wenn ich jemandem die Hand schüttelte, verzog dieser meist schmerzhaft das Gesicht. Ich war meinem Jugendtraum – groß und stark zu sein – nähergekommen. Wenn ich schon nicht groß war, kräftig war ich.

In diesem Jahr, das für mich eigentlich erfolgreich war, kam der Krieg. Der Meister stellte in der Werkstatt ein kleines Radio, einen sogenannten „Volksempfänger" auf. Aber nicht um Musik zu hören, sondern um die Sondermeldungen, die in unregelmäßigen Abständen kamen und von den Siegen der deutschen Truppen in Polen verkündeten, zu hören. Wir freuten uns und klatschen mit dem Meister Beifall, wenn unsere tapferen Soldaten eine „Alte deutsche Stadt" nach der anderen von der polnischen Unterdrückung befreiten.

Das ließ den Umstand ein bisschen vergessen, dass wir Lebensmittelmarken bekamen und dass es vorbei war, einfach in ein Milchgeschäft zu gehen und zwei Buttersemmeln mit einem halben Liter Milch zu verzehren, wie ich es bisher immer tat, wenn nur einigermaßen Gelegenheit war.

Das Jahr 1940 war das Jahr meiner Freisprechung und ich habe sie auch bestanden, aber nicht mit Auszeichnung.

Mit dem Meister hatte ich jetzt nicht mehr das ursprünglich gute Einvernehmen. Erstens behandelte er mich noch immer wie einen Lehrling und zweitens hatte ich vor ihm die Achtung und den Respekt schon lange verloren und das kam so:

Nicht lange nach meiner Freisprechung bekam ich ein Angebot von der Bahn, ich könnte Eisenbahner werden. Das war verlockend und ich ging mich vorstellen. Tatsächlich – es klappte, nur eine Kleinigkeit fehlte: Ich brauchte eine Zuweisung vom Arbeitsamt. Ich redete mit meinem Meister, der versicherte mir, er würde mir nichts in den Weg legen, wenn ich es mir verbessern könnte.

Dann kam die Ernüchterung. Der Beamte beim Arbeitsamt zeigte mir das Schreiben meines Meisters, in dem er mitteilte, dass er mich auf keinen Fall freigeben könnte, da er dringende Aufträge für die deutsche Wehrmacht zu erfüllen habe.

Ohne Freigabe des Meisters keine Zuweisung vom Arbeitsamt. Ohne Zuweisung keine Einstellung bei der Bahn.

So ein falscher Hund! Trotzdem musste ich bleiben. Er wird das sicher bald bereut haben, denn wir machten uns gegenseitig das Leben zur Qual. So hatte er es jetzt immer so eingerichtet, dass wir um 11.30 Uhr ein Fass aufs Feuer stellen konnten, es dauerte fast immer 45 Minuten, ehe man den Arbeitsgang des Biegens der Dauben beenden hatte, inzwischen konnte man nicht weggehen. Bis jetzt hatte ich mich über die Schmälerung meiner Mittagspause nicht sonderlich aufgeregt, aber nun hatte ich Wut im Bauch. Punkt zwölf Uhr verließ ich die Werkstatt, schwang mich auf mein Fahrrad und fuhr heim. Das Feuer ließ ich Feuer sein. Jetzt musste er seine Mittagszeit opfern!

So machte ich auch am Abend immer pünktlichst Feierabend, egal welche Arbeit wir gerade verrichteten. Einmal bei einem Streit warf er mir vor, dass er mir zur Freisprechung einen Anzug gekauft habe und ich ein undankbarer Kerl sei, worauf ich konterte, dass er den Anzug gerne wiederhaben könne.

Diese Zeit war nicht sehr schön, aber sie dauerte auch nicht sehr lange. Im November 1940 bekam ich die Einberufung zum Reichsarbeitsdienst, kurz RAD. Natürlich musste ich meinen Meister davon in Kenntnis setzen. Vielleicht wollte er etwas gutmachen, denn er bot mir an, wenn ich wollte, könne er mich von diesem RAD befreien. Aber ich wollte nicht. Ich konnte ihm seine Doppelzüngigkeit nicht verzeihen. So vereinbarten wir noch meinen mir zustehenden Urlaub und Anfang Dezember gab er mir meine Papiere und Zeugnisse.

Es waren Entlassungspapiere, obwohl es verboten war, bei einer Einberufung zu entlassen. Er tat es doch. Es war sein letzter Streich und mich berührte es nicht mehr. Ich war innerlich schon weit weg.

Am 5. Jänner 1941 rückte ich zum RAD ein und musste zu diesem Zweck nach Griffen in Kärnten fahren. Aber vorher passierten noch zwei Dinge, die ich nicht verschweigen möchte:

Da war zuerst einmal das Dienstmädchen vom Gemischtwarengeschäft. Sie war ungefähr so alt wie ich, auch so groß wie ich und sie war im Umgang mit dem anderen Geschlecht genauso dumm wie ich. Na ja, wir waren verliebt, das erste Mal! Wir wohnten im gleichen Haus und sahen uns jeden Tag mehrere Male. Also was lag näher, dass wir uns auch am Abend sahen und trafen und uns dabei auch scheu küssten.

Und eines Nachts nahm sie mich mit in ihre Kammer. Aber es wurde nichts daraus. Sie war unwissend und ich war auf dem Gebiet ein totaler Trottel. Sie warf mich ab, so wie ein stolzes Pferd einen mickrigen Reiter abwirft, und wenn er es nochmal probiert, wirft es ihn noch einmal ab, auch wenn es ganz gern geritten würde.

Das zweite war meine Bekanntschaft mit Alkohol. Mein Freund, der Kärntner Bergbauernsohn, hatte Freisprechung und da meine Einberufung und bei ihm das Ende der Lehrzeit zusammenfielen, beschlossen wir, das gebührend zu feiern.

Von meinem blamablen nächtlichen Abenteuer erzählte ich ihm natürlich nichts. Wir waren so sechs oder sieben gleichaltrige Jungs und jeder schleppte volle Flaschen herbei. In einem Gartenhäuschen sollte das Fest stattfinden und die Vorbereitungen liefen auf Hochtouren. Einer brachte Bier, die anderen Wein, natürlich jeder eine andere Sorte, einer brachte eine Flasche Schnaps.

Meine Mutter machte uns etwas zu essen und wir begannen zu feiern. Nun, was soll ich sagen – es war ein Besäufnis und es war für mich fürchterlich. Bis dahin hatte ich keinen Tropfen Bier getrunken – von anderen alkoholischen Getränken ganz zu schweigen.

Aber bevor uns allen sterbensübel war, löste der Alkohol die Zungen und ich erfuhr, dass jeder meiner Kumpane schon mehrere erfolgreiche sexuelle Erlebnisse hatte. Zwei davon hatten überhaupt ein ständiges Mädel. Sie „gingen" mit einer. Ich wurde in meiner

Ecke immer kleiner, besonders bei dem Gedanken an die Cilli – so hieß das Mädchen meiner Niederlage.

Aber ich wusste ja nicht einmal, wie man die Bekanntschaft einer Schönen macht – wie man anbandelt. Die meisten konnten tanzen und auf diese Art Bekanntschaften schließen. Was nützte es mir, dass ich auf dem Sportplatz einer der Besten war, dass ich beim Schwimmen gut war und keiner Rauferei aus dem Weg ging. Hier hatte ich nichts zu reden und ich sagte auch nichts.

Es war nur gut, dass jeder mit seinen Erzählungen so beschäftigt war, dass keiner merkte, dass ich nur zuhörte. Die Feier hatte noch nicht richtig begonnen und ging schon ihrem Ende entgegen. Uns war plötzlich übel geworden. Wahrscheinlich vom Likör, der uns am besten schmeckte.

Das war unser Abschiedsfest und ein bisschen auch Abschied von der Jugend, aber das wusste ich damals noch nicht. Ich war maßlos neugierig, was mich bei diesem Reichsarbeitsdienst erwarten würde.

Am 5. Jänner 1941 fuhr ich also mit einem kleinen Koffer nach Kärnten. Alles, was ich mitzunehmen hatte, war vorgeschrieben. Vom Schuhputzzeug bis zum Kamm war alles neu, es lag unter dem Christbaum. Ein Geschenk meiner Eltern.

Der Morgen des 5. Jänner war kalt und der Schnee knirschte unter den Füssen. Schweigend begleiteten mich meine Eltern zum Bahnhof. Die Mutter kämpfte tapfer, aber erfolglos gegen ihre Tränen, sie hatten es sicherlich schwerer als ich. Was sollte mir denn schon passieren!? Ich war felsenfest davon überzeugt, dass ich alles, was an mich herankommen würde, auch meistern werde.

Im Zug saßen schon einige, die das gleiche Ziel hatten wie ich und so verging die Fahrt locker und heiter. Diese Heiterkeit verging auch im Lager nicht und sie war auch nicht unterzukriegen, als man uns mit echtem preußischem Drill durch den Schnee jagte. Hier kam mir wieder meine gute körperliche Verfassung zugute. Das einzige was mich störte, waren die kleinen Portionen bei den Mahlzeiten, aber da half mir mein neuer Kamerad.

Er war der Sohn eines Gastwirtes und bekam jeden dritten Tag ein Riesenpaket mit „Fressalien". Am besten gefiel mir an ihm, dass er minutenlang fluchen konnte, dafür konnte er nicht Schritt halten und auch nicht Schritt wechseln.

Unser Gastspiel in Kärnten war nur kurz, nach unserer Grundausbildung (wir wurden nicht mit Spaten, sondern mit Karabinern ausgebildet) wurden wir verfrachtet und kamen ins Saarland. Von dort marschierten wir über Holland und Belgien nach Nordfrankreich.

Lieber Leser, wenn ich heute so hinschreibe „wir marschierten über Holland und Belgien nach Frankreich", dann hört sich das sehr bescheiden an. Aber wie es wirklich ist, wenn man in diesen Knobelbechern (so hießen unsere Stiefel) 40, 50 manchmal auch 60 Kilometer marschieren muss, lässt sich so leicht nicht wiedergeben. An den Füßen die Blasen, zwischen den

Beinen der Wolf, das Koppel (Munitionsgürtel) drückt auf die Hüften, der Tornister und das Gewehr drücken auf die Schultern und den Uniformkragen kann man nur auf den ausdrücklichen Befehl „Marscherleichterung" öffnen.

Ich habe den bewundert und beneidet, der so richtig inbrünstig fluchen konnte. Bei uns zu Hause ging man zwar nicht in die Kirche, aber geflucht wurde auch nicht. Ich konnte es also nicht, aber mein neuer Kamerad, Emmerich, fluchte was das Zeug hielt. Die Folge davon war, dass wir trotz der vielen Schmerzen wahre Heiterkeitsausbrüche hatten und auch ihm schien es eine gewisse Erleichterung zu bringen.

Wenn wir am Abend dann hundemüde unser Ziel erreicht hatten, es war meist eine Schule oder ein verlassenes Kloster, dann stand schon die rauchende Feldküche da und wartete mit ihrem Linseneintopf mit Erbsen oder Bohnen auf uns. Oder war es Bohneneintopf mit Linsen und Erbsen? Das konnte niemand so genau sagen. Auf jeden Fall wurde es mit Heißhunger verschlungen.

Emmerich, der ja jetzt nichts nachgeschickt bekam, hatte natürlich auch den gleichen Hunger wie wir alle. Trotzdem verließ ihn sein Humor nicht. Einmal stellte er sich in der Pose des Feldmeisters vor uns hin und verkündete im Befehlston: „Kameraden, wenn einer ein Stück Fleisch im Eintopf findet, hat er es umgehend wieder in der Küche abzuliefern, da es nur aus Versehen hineingekommen sein kann!"

Brüllendes Gelächter erfüllte den Turnsaal, in dem wir auf Stroh auf dem Boden lagen. Der Sanitäter ging von einem zum anderen und versorgte die vielen Wehwehchen.

So kamen wir über Dünkirchen nach Calais am Ärmelkanal. In einer Schule wurden wir einquartiert und wir vom ersten Zug mussten Wache stehen. Und da wurde es jetzt Ernst! Wir standen mit scharfer Munition auf Wache – das war in der Heimat nicht so gewesen.

Für die Franzosen war ab Einbruch der Dunkelheit Ausgehverbot. Wir hatten den Auftrag, bei einer verdächtigen Bewegung dreimal „Halt! Wer da?" zu rufen und dann zu schießen. Auch das hört sich harmlos an im Vergleich zur Wirklichkeit.

Es war schon nach Mitternacht, als ich eine dunkle Gestalt sah, und ich rief auch sogleich „Halt! Wer da" – „halt, wer da" – „halt, wer da" und dann schoss ich. Und ich traf auch. Rechts oben am Schulterblatt hatte ich ihn erwischt. Es gab einen Riesenwirbel, ich stand wie betäubt da und zitterte. Mir war plötzlich kalt.

Der Franzose wurde geborgen, schon ein älterer Mann, und ins Lazarett gebracht. Ich wurde zum Oberfeldmeister geführt und dort musste ich berichten. Er hörte schweigend zu und als ich fertig war, sagte er nur knapp: „Sie haben Ihre Pflicht erfüllt. Wenn Ihnen das noch einmal vorkommt, will ich keinen Verwundeten, sondern einen Toten sehen!" Damit war dieser Fall erledigt.

Ich habe mir gedacht, so schnell werde ich nicht mehr schießen, obwohl ich in meiner Abteilung eine gewisse Berühmtheit erlangte. Aber mein nächster Schuss kam früher als ich dachte! Und das kam so:

In einem großen, schönen Hotel in der Innenstadt von Calais residierte der kommandierende General und alle hier liegenden Truppeneinheiten wechselten sich bei der Torwache ab. So musste auch der RAD manchmal 24 Stunden lang die Torwache stellen und ich war wieder dabei.

Wir hatten schon eine Nacht hinter uns und ich kam vom Posten herein. Als erstes musste jeder seinen Karabiner entladen und entspannen. Das tat auch ich. Nahm die fünf Patronen heraus, die ich vor zwei Stunden hineinsteckte, entspannte, indem ich den Abzug drückte und das Schloss verriegelte. Und schon ging's – WUMM! Ich wusste nicht was los war, meine Ohren dröhnten, das kleine Wachlokal (eine ehemalige Portierloge) dicht mit Staub und Spiegelscheiben am Boden angefüllt. Die eine Wand war ein einziger großer Spiegel gewesen. Und schon kamen Offiziere der Wehrmacht und fragten was los sei.

Ich wurde verhört, es müssen sechs Patronen im Gewehr gewesen sein, obwohl ich nur einen Streifen, das sind fünf Schuss, hineingab. Alle Patronen, die ich zur Wache bekam, hatte ich noch. Es war mysteriös, obwohl man suchte, fand man bei mir keine Schuld. Ich hatte in keinem Punkt befehlswidrig gehandelt. Die Sache war nicht aufzuklären. Ein Schuss hatte sich gelöst. Das war beim RAD mein zweiter Streich. Ihn konnte ich nicht gerade auf mein Ruhmesblatt heften, auch den dritten nicht, wie du, werter Leser, gleich sehen wirst.

Der Tag, an dem wir das erste Mal ausgehen durften, nahte. Wir machten uns landfein, wie die Matrosen sagen. Nach einem „Ausgehappell", bei dem vom vorschriftsmäßigen Haarschnitt (Zündholzlänge) über Fingernägel, Taschentuch, Kamm bis zu den tadellos geputzten Stiefeln alles kontrolliert wurde, durften wir endlich in die Stadt.

Was soll ich dir erzählen? Alle Gespräche, die bei uns geführt wurden handelten von Frauen und Mädchen und von Bordellen. Man hat uns vor Mädchen von der Straße gewarnt, also gingen wir (beinahe im Gänsemarsch) ins Puff. Soll ich das wirklich erzählen? Na gut – aber nur was mich selbst betrifft.

Ich kam also hinein in diese schummrige, verrauchte Bude und setzte mich zu meinen Kameraden. Nachdem sich jeder eine Flasche Rotwein bestellte, tat ich das auch. Mein Glas hatte ich noch nicht angerührt, als sich ein Mädchen zu mir setzte und von meinem Wein trank. Sie nannte mich ihren „Liebling" und war bald, bis zu ihren Ellbogen, in meiner Hose. Es ging dann alles sehr schnell. Wir gingen in ihr Zimmer, um uns ganz auszuziehen hatten wir keine Zeit. Allerdings musste ich vorher bezahlen, aufgeregt wie ich war, gab ich ihr einen 500 Franc-Schein und sie hat vergessen, etwas herauszugeben.

Das Vergnügen war auch nur kurz und so waren wir bald wieder unten im Gastraum, ich war meine 500

Franc los und sie hatte noch mehrere Kunden. Später habe ich erst erfahren, dass im Durchschnitt an die dreißig Franc gegeben werden. Ich hatte also für meine Prämiere beim Weibe einen stolzen Preis bezahlt.

Nach dieser für mich wenig schmeichelhaften Erfahrung wurde ich natürlich gewitzter, hatte ich doch nicht nur den Schaden, sondern auch den Spott meiner Kameraden. Aber ich konnte in Calais meine Erfahrung nicht sehr lange ausnutzen, denn wir wurden aufs Land hinaus versetzt.

Da war so ein Herrenhaus, da wohnten die Offiziere und Unterführer und mein Freund, der Emmerich, der ja gelernter Koch und Kellner war. Daneben ein alter Reitstall, der war für uns Mannschaften. Unsere Aufgabe war es, einen nahegelegenen Wald, der als Munitionslager diente, zu bewachen. Auf der anderen Seite des Wäldchens war ein Bauernhaus. Dorthin ging ich, um Butter und Eier zu kaufen. Die Bäuerin war ca. 25 Jahre jung und ihr Mann war in Österreich in Gefangenschaft und es ging ihm gut! Was lag für dieses aparte Frauchen näher, als diese Güte, die ihrem Mann in Österreich zuteilwurde, hier in Frankreich einem Österreicher angedeihen zu lassen.

Ich kam also hierher, außerhalb von Calais, zugegebenermaßen unverdienterweise, in den Genuss jener weiblichen Hingabe, die einen Jüngling zum Mann machen kann.

Das ging so einige Wochen, diese Bekanntschaft mit Jeanette hatte mich stolz und selbstbewusst gemacht.

Während ich früher schwieg, wenn meine Kameraden ihre Liebesabenteuer erzählten, weil ich auf diesem Gebiet unerfahren war, sagte ich jetzt natürlich nichts von meiner engen Beziehung zu dieser jungen Bäuerin. Private Kontakte zur Zivilbevölkerung waren uns verboten!

Aber dieser selige Zustand dauerte auch nicht lange, es werden nicht viel mehr als 2 Monate gewesen sein. Unserem Abteilungsführer, ich glaube er war Oberfeldmeister, kam scheinbar zu Bewusstsein, dass zu jeder RAD-Abteilung (das entsprach bei der Wehrmacht einer Kompanie) auch ein Bunker, eine Arrestzelle gehört.

Also ließ er die Abteilung antreten und fragte nach Handwerkern. Dass man sich zu nichts freiwillig melden durfte, das hatte ich schon heraus. Ich blieb also ruhig stehen. Einige meldeten sich, darunter auch ein Fassbinder. Er stammte aus dem Burgenland und hatte breite Schultern, mein Berufskollege war um mindestens einen Kopf größer und dazu passte sein massiger Körperbau. Aber Verstand hatte er nicht. Kaum hatte der Oberfeldmeister ausgesprochen, hob er die Hand und meldete sich als Fassbinder zum Innendienst als Handwerker.

Aber damit nicht genug – er meldete, dass auch noch ein zweiter Fassbinder hier sei und zeigte auf mich. Damit war ich beim Innendienst. Vorbei die Zeit mit Jeanette, vorbei auch die Zeit, wo ich mich immer satt essen konnte. Jetzt gab es wieder Linseneintopf.

Wir zimmerten also den Arrest Kotter, ich war lustlos bei der Arbeit. Über Nordfrankreich strahlte die Frühlingssonne, aber in mir war's ziemlich düster. Die kleine liebe Bäuerin hatte es ziemlich eilig gehabt, ihre Dankbarkeit, dass es ihrem Mann in „Autriche" so gut ging, dem Nächsten angedeihen zu lassen.

Hol der Teufel alles miteinander!

Wir mühten uns redlich ab mit der Arrestzelle. Fingerdicke Eisenstäbe, ein kleines Guckloch in der schweren Bohlentüre und auch sonst absolut ausbruchsicher, ging unser Werk der Vollendung entgegen. Und da passierte etwas:

Mein Freund Emmerich war ja Koch in der Abteilung und wann immer es ging, versorgte er mich mit einem kräftigen Nachschlag vom üblichen Eintopf. Manchmal das ganze Kochgeschirr voll, dann hob ich es mir für den Abend auf.

An einem solchen Tag ging der Oberfeldmeister durch die Unterkunft und kontrollierte die Essgeschirre und Essbestecke. Da war ich also in der Tinte, denn der Erbseneintopf war ein bisschen vertrocknet und sah alles andere als appetitlich aus, besonders nicht für einen, der keinen Hunger hatte.

Am Abend nach Einrücken der Abteilung hieß es Antreten zum Appell, dort zeigte er mein Essgeschirr als abschreckendes Beispiel und verurteilte mich zu drei Tagen Arrest. Ich wurde abgeführt wie ein Schwerverbrecher und in die Zelle gesperrt, die ich mit zwei anderen Kameraden selbst gebaut hatte.

Ich glaube, ich habe vor Wut geweint und irgendetwas ist in mir kaputtgegangen!

Einige Wochen später bekam ich nochmal drei Tage Arrest und das kam so:

Wenn uns in der Abteilung irgendetwas fehlte, etwa Nägel oder Schrauben, dann gingen wir zu den Fliegern, die in der Nähe von uns einquartiert waren und „organisierten" eben alles Notwendige. Das war von unserer Seite offiziell, wie es die Flieger sahen, falls sie es überhaupt bemerkten, weiß ich nicht. Sie hatten uns nie dabei erwischt.

Wir brauchten also wieder einmal etwas, was wir nicht hatten und in dem unbewachten Lager am Flugplatz würden wir schon das Passende finden. Mit einer Scheibtruhe zogen wir drei los. Unser Weg führte an einem Café vorbei, wir waren schon einige Male Gäste dieser alten Wirtin. Sie hatte einen Oberlippenbart und rauchte Pfeife.

Nun muss ich gestehen, dass ich nach den drei Tagen Arrest, die ich als Strafe aufgebrummt bekam, wieder in meine alte innere Abwehr zurück versank und mit Inbrunst und Sturheit den „Sauverein" zum Teufel wünschte und wann immer es möglich war, das Gegenteil von dem tat, was erlaubt war.

Wir waren also losgezogen, um zu „organisieren" und machten Rast bei diesem Café. In mir fraß noch immer die Wut über die drei Tage. Auf dem Regal standen eine Menge Flaschen und ich hatte für meine Begriffe viel Geld. Ich muss ganz schön viel getrunken haben. Auch kann ich mich noch erinnern, dass ich an diesem „Sauverein", der RAD hieß, kein gutes Haar ließ. Aber nicht etwa aus politischen Gründen, sondern weil man mich, wie ich glaubte, ungerecht behandelt hatte.

Auch kann ich mich erinnern, dass mich die alte Wirtin ein paar Mal warnend angesehen hatte, ich hab mir aber gedacht: „Was schaut die denn so komisch, die versteht ja kein Wort Deutsch!" Dass sie mich vor dem Schnaps warnen wollte, hab ich nicht kapiert.

Als ich wieder zu mir kam, lag ich wieder im Kittchen. Meine zwei Kameraden hatten mich mit der Scheibtruhe in die Unterkunft gefahren. Ich war wieder in der Patsche. Wieder das gleiche Schauspiel: Abteilung antreten, Arbeitsmann Munz vortreten, Verlesen der Anklage und des Urteils – drei Tage Arrest und wieder Versetzung zum Außendienst.

Das letztere war gut, ich hatte den verdammten Innendienst weg!

Wir räumten den ganzen Sommer über mit den Franzosen den total zerbombten Stadtteil Calais du Nord auf, lieferten die noch verwendbaren Ziegel zu den Startbahnen in die Nähe von Cap Gries Nez, wo zwei berühmte Jagdflieger – Mölders und Gallant – mit ihren Staffeln lagen.

Der Sommer 1941 ging vorüber, wir hörten, dass die deutschen Truppen über Jugoslawien nach Griechenland marschierten und waren überzeugt, dass sie auch diesen Feldzug in Kürze siegreich beendet haben werden. Uns tat nur leid, dass wir nicht dabei sein konnten und noch immer bei diesem ungeliebten RAD sein mussten.

Aber Ende September war es soweit! Wir wurden per Eisenbahn nach Münster gebracht, musterten dort ab, bekamen unsere privaten Klamotten und den Fahrschein. Am 4. Oktober, es war ein Samstag, kam ich zu Mittag daheim an. Die Freude meiner Eltern war irgendwie gedämpft. Den Grund sollte ich schon bald erfahren. Seit einer Woche schon war meine Einberufung hier! Ich hatte mich am 6. Oktober in Kufstein in Tirol bei den Gebirgsjägern zu melden. Also hatte ich einen Tag Urlaub.

Natürlich musste ich erzählen, dabei vergaß ich auch die zweimal drei Tage Arrest nicht, allerdings ließ ich die kleine Jeanette und die Sache mit den 500 Franc weg, es gab ja so noch genug zu reden. Meine Eltern waren trotz unserer glorreichen Siege nicht zuversichtlich. Ich kam mir unbesiegbar vor und übertrug das auf die gesamte deutsche Wehrmacht. Ich hab die deutschen Jagdflieger über dem Kanal und England gesehen. Wir sind unbesiegbar! Meinte ich.

Am Montag fuhr ich dann nach Tirol und kam dort zur 9. Kompanie, das heißt, es war eine Kompanie für schweres Maschinengewehr. Aber zuerst kommt die Grundausbildung.

Da waren einige dabei, die nicht beim RAD waren. Die konnten weder marschieren noch schrittwechseln, geschweige denn mit dem Karabiner umgehen. Wir übten bis zum Überdruss und als es wieder nicht klappte, die anderen Gruppen aber längst abtreten durften, riss mir die Geduld und ich nannte ihn einen Trottel. Das war dem Oberjäger = Unteroffizier zu viel, obwohl ich ihn gar nicht gemeint hatte.

Er befahl dem Gefreiten, die Gruppe zu übernehmen und sagte: „Jäger Munz, vortreten, wir machen jetzt eine Romreise!"

Weißt du, lieber Freund, wie groß ein Kasernenhof ist? Und weiß du was eine „Romreise" bedeutete? Nein? Ich sag dir's:

Das Gewehr in den ausgestreckten Armen waagrechtvor dem Körper halten und in der tiefen Hocke rund um den Kasernenhof hüpfen!

Ich war in guter Verfassung und redete mir auch ein, dass der mich mit so etwas nicht kleinkriegen würde. Und ich schaffte es auch – ich hüpfte herum. Aber der Oberjäger hatte nicht genug. Weil es so gut ging, ein zweites Mal. Aber ich hatte keine Kraft mehr, ich konnte das Gewehr nicht mehr halten, in den Oberschenkeln hatte ich einen Krampf und ich legte mich einfach auf den Boden. Der Oberjäger brüllte, ich rührte mich aber nicht.

Da wurde dieser Sadist von einem Leutnant beiseitegerufen. Was der ihm sagte, habe ich nicht gehört, auf jeden Fall durfte ich wie die übrigen meiner Gruppe in die Unterkunft. Ich hatte aber hier einen Feind, mit dem ich noch meine liebe Not haben sollte, bis endlich das Pendel zu meinen Gunsten ausschlug.

Kufstein ist eine liebenswerte kleine Stadt mit ebensolchen liebenswerten Menschen. Das war auch schon 1941 so. Allerdings murrten schon welche, wenn uns der Oberjäger mit dem Befehl „volle Deckung" in den Straßengraben jagte. Manchmal ging's ihm auch zu langsam und er wiederholte es so oft, auch mitten in der Stadt, bis wir schnell genug waren. Ich hatte den Eindruck, dass uns die Menschen da nur noch fester ins Herz schlossen, wenn sie Zeugen unserer Ausbildung wurden.

Wir waren drei Freunde. Jeder hatte den RAD hinter sich und in unseren Augen waren wir schon die „Alten". Jeder hatte auch sein Mädel, dem Hans seine war die Tochter eines Bäckers, dem Friedrich seine die jüngste Tochter eines Fleischhauers und mein Mädchen war in dieser Fleischerei Dienstmädchen. Das ist deshalb erwähnenswert, wie wir es diesem glücklichen Umstand verdankten, dass wir nie Hunger hatten. Auch gab's da noch eine Kellnerin in der Gaststätte „Auracher Löchl", die uns drei bemutterte. Fast jedes Mal, wenn wir hinkamen, fragte sie leise, ob wir Hunger hätten und auf unser Nicken bekam jeder eine schöne Portion Tiroler Gröstl. Also „Kohldampf" schieben, wie wir das Hungerleiden nannten, brauchten wir nicht.

So verlebten wir in Kufstein einen schönen Herbst und wie es sich für ordentliche Soldaten gehört, machten wir uns auch keine Gedanken über das Morgen, über die Zukunft. Heute, jetzt, mussten wir über die Runden kommen, mussten das Leben genießen! Was morgen sein wird, werden wir morgen sehen. Das war nicht nur meine Einstellung, sondern allgemeine Stimmung.

An diesen Herbst in Kufstein habe ich oft und gerne gedacht. Wenn dieser Oberjäger nicht gewesen wäre, könnte ich diese Zeit als restlos glückliche Zeit bezeichnen. Aber der war eben da und er mochte mich nicht. Ich glaube, er hatte überhaupt keine Freunde, auch unter den Unteroffizieren nicht. Er war wie ich Steirer, aber nach seiner Aussprache musste er aus der Weststeiermark kommen. Wegen diesem Dialekt wurde er auch immer wieder verspottet. Einmal verschaffte er mir drei Tage Arrest, weil es schon ein paar Minuten nach Zapfenstreich war, als wir das Tor passierten. Obwohl meine beiden Freunde auch zu spät kamen, meldete er nur mich. Vielleicht hatte er damit gerechnet, dass ich meine Freunde verraten würde, aber diese Freude machte ich ihm nicht. Ich saß meine drei Tage ab, ich hatte ja schon Übung.

Draußen fiel der erste Schnee, in der Zelle war es behaglich warm, so faulenzte ich auf der harten Pritsche herum und sinnierte auf Rache. Drei Tage sind nicht viel und mir wäre auch in fünf Tagen nichts eingefallen, was ich meinem Peiniger hätte antun können.

So kam ich wieder heraus und am Samstag hätte ich wieder ausgehen können. Aber mein Oberjäger war am diesem Tag U.v.D. (Unteroffizier vom Dienst). Sein Aufgabengebiet war die Sauberkeit und Ordnung in der Kaserne zu überprüfen und dass kein Rekrut in unordentlichem Zustand die Kaserne verließ. Längst hatte jeder zwei Kämme, einen nagelneuen zum Vorzeigen und einen, mit dem er sich frisierte. Jeder wusste, auf was es ankam, um anstandslos hinaus zu kommen.

Auch ich wusste es, aber ich wusste auch, dass ich keine Chance haben würde den Ausgang zu erhalten. Wenn er schon bei mir nichts finden würde, er würde in unserer Stube nachsehen, er würde in meinem Spind nachsehen, er würde die Klos kontrollieren – oh, es gab eine Menge Möglichkeiten, mir den Nachmittag zu versalzen. Ich beschloss daher auf den Stadtbummel zu verzichten und trat zum Ausgehappell erst gar nicht an. Aber das war ihm auch wieder nicht recht. Er kontrollierte meine Kameraden nur oberflächlich, ließ sie gehen und kam zu mir in die Stube, wo ich gerade einen Brief an meine Eltern schrieb.

Er schäumte vor Wut, brüllte, dass ein Appell auch für mich gelte, dass, was ich getan hätte, wäre Befehlsverweigerung und in 10 Minuten wollte er mich feldmarschmäßig beim Tor sehen.

Noch wusste ich nicht, was er vorhatte, aber mir schwante nichts Gutes. Zehn Minuten später stand ich also in voller Ausrüstung beim Tor. Da kam er auch schon. Er hatte seinen Berganzug und die schweren Bergschuhe an – ging es mir durch den Kopf. Natürlich hatte ich das auch an, aber bei mir gehörte es zur feldmarschmäßigen Ausrüstung.

Viel Zeit zum Nachdenken ließ er mir nicht. „Stillgestanden – rechts um – im Gleichschritt marsch!“ Er marschierte neben mir in die verschneite Winterlandschaft. In meinem Hirn setzte sich ein Gedanke fest: „So bringst du mich nicht klein, da können wir weit marschieren! Du wirst schon lange auf den Brustwarzenkriechen, werde ich noch immer aufrecht marschieren, du Hund!" Diese und ähnliche Sätze wiederholte ich im Geist immer und immer wieder. Wir gingen Richtung Wilder Kaiser, Richtung Stripsen-Joch. Schweigend marschierten wir nebeneinander und hätten wir nicht so einen Zorn (oder war es Hass?) aufeinander gehabt, wäre es direkt schön gewesen.

Wir hatten die letzten einsamen Häuser schon lange hinter uns, der Weg ging jetzt steil bergauf. Diesen Weg bin ich schon oft gegangen. Dort oben übten wir mit schwerem Maschinengewehr das Schießen mit scharfer Munition. Gerade lachte ich innerlich über den läppischen Versuch, mich auf diese Weise strafen zu wollen. Der musste ja wissen, was ich auszuhalten im Stande war. Da kam nach zwei Stunden der erste Befehl: „Im Laufschritt marsch, marsch!" Also liefen wir bergauf. Er blieb ein bisschen hinten. Eine gute Einteilung mit der Luft ist das große Geheimnis beim Laufen.

Aber auch in die beste Einteilung kommt Chaos, wenn die äußeren Umstände dies herbeiführen!

Der Weg war tief verschneit, den Uniformkragen konnte ich nicht öffnen; der Oberjäger hatte es darauf abgesehen, mich zu einer Befehlsverweigerung zu bringen! Jetzt fing er an mit „Hinlegen – auf – marsch, marsch". Ich keuchte. Zu allem Überfluss kam jetzt der Ruf „Gaaaas", das hieß „Gasmaske aufsetzen".

So wollte er es also – da überschritt er sicher seine Befugnisse, ging es mir durch den Kopf. Deshalb mussten wir da herauf, damit ich keine Zeugen gegen ihn hatte! Nun – was soll ich schreiben? Er hatte es geschafft, dass mir feurige Kreise vor den Augen tanzten.

Als er endlich aufhörte und ich die Gasmaske abnehmen konnte, war ich einer Ohnmacht nahe. Es wurde schon dunkel, die Gasmaske war verstaut, da kommandierte er wieder: „Stillgestanden", dann sage er:

„Wissen Sie Jäger Munz, warum ich das getan habe?"

„Nein, Herr Oberjäger", keuchte ich.

„Damit Sie endlich gehorchen lernen!"

Wir standen uns im dämmrigen Wald gegenüber, ich konnte genau seine kleinen tückischen Augen sehen. Er wollte jetzt seinen Sieg. In mir stieg die Wut hoch und ich presste so leise wie ich nur konnte heraus:" Du Schweinehund, irgendwann krieg ich dich in meine Finger und dann – Gnade Gott!"

Schon dachte ich, er stürzt sich auf mich. Wir maßen uns mit dem Blick, den man hat, wenn man jemanden aus tiefsten Herzen hasst. Dann hat er wohl eingesehen, dass er mich auf diese Art nicht bezwingen konnte und wir gingen schweigend zurück in die Kaserne.

Fortwährend dachte ich die Möglichkeiten durch, die er hatte und welche Konsequenzen sich daraus für mich ergaben. Aber alles, was ich dachte war falsch, alle Befürchtungen, die ich hatte, traten nicht ein. Als ich damals als 15-jähriger beim Klettern in einer Wand abstürzte, sagte der Arzt zu meiner Mutter: „Ihr Junge hat einen Schutzengel und der ist ganz gewiss kein Schusterbub!" Jetzt schien dieser Schutzengel wieder am Werk zu sein. Ich weiß nicht, ob mich dieser Oberjäger gemeldet hat.

Ein fremder Hauptmann traf bei uns ein, unser Kompaniechef machte Meldung und wir mussten uns die Schier anschnallen und auf den Berg gehen. Oben ließ ein Leutnant immer einzeln einen nach dem anderen hinunter. Unten stand der unbekannte Hauptmann. Alle ließ er rechts wegtreten, nur bei mir machte er eine andere Handbewegung – ich musste mich links neben ihn stellen.

Noch wusste ich nicht, was das alles sollte. Als der Letzte unten war, sagte der Hauptmann zu unserem Kompaniechef: „Sie können einrücken lassen, den nehme ich!" und er deutete dabei auf mich. Während alle geschlossen in die Kaserne marschierten, schlenderte ich mit dem drahtigen Hauptmann gemütlich hinterdrein. Er fragte nach meinem Namen, wo ich zu Hause bin, ob ich viel Sport betreibe, wer meine Eltern sind, nach meiner Schulbildung und noch vieles mehr wollte er wissen. Zu guter Letzt fragte er ob ich Lust hätte, Heeresschilehrer zu werden! Na und ob ich wollte!!!!

Alles war vergessen – der Streit mit dem Oberjäger, die Plackerei, wenn er mich schikanierte, einfach alles. Auf mein Dasein schien wieder die Sonne. Ich konnte mir neue Schuhe, neue Schier und eine neue Keilhose aussuchen. Wahrscheinlich war ich der am meisten beneidete Gebirgsjäger von Kufstein. Vor drei Tagen hätte sich das niemand träumen lassen!

Zwei Wochen waren noch bis Weihnachten und ich fuhr jeden Tag von Kufstein nach Kitzbühel, auch an Sonntagen. Wir waren außer dem Hauptmann noch sechs Mann, ich war nicht nur der jüngste. sondern auch der einzige ohne Dienstgrad. Die anderen waren Feldwebel und Oberjäger, aber hier gab's keinen Unterschied. Wir duzten uns und es war eine prima Kameradschaft.

Geschenkt wurde uns in diesen 14 Tagen nicht ein bisschen und der Hauptmann musste eine sagenhafte Kondition haben. Er fuhr immer vor uns her und wir – wie auf einem Schnürchen aufgefädelt – hinterher, wobei ich immer der Schlussmann war.

Eines Morgens sagte uns der Hauptmann, dass er heute die Prüfung abnimmt und da komme noch ein hoher Offizier dazu. Wir mussten vorführen, erklären: Talschi, Bergschi, anstemmen – beiziehen, auf den Oberst machte das überhaupt keinen Eindruck. Als ich als Letzter das Programm absolviert hatte, fuhren wir wieder hinauf. Der Hauptmann raunte: „Jetzt zoag mas eam!" und wir jagten hinunter, keine zwei Schilängen Abstand von Mann zu Mann und immer einer genau hinter dem anderen. Das imponierte diesem Oberst. Er war begeistert und wir waren Schilehrer.

Bei einer kleinen bescheidenen Feier überraschte uns der Hauptmann noch einmal. Er hatte für jeden von uns ein rotes dreieckiges Halstuch mit weißen

Punkten als äußeres Zeichen für einen Heeresschilehrer. Wir brauchten der Kragen ab sofort oben nicht mehr geschlossen zu haben, auch in der Stadt nicht. Meine Freunde werden Augen machen!

Den Weihnachtsabend verbrachten wir in der Kaserne. Nur die, welche in der Nähe zu Hause waren, bekamen Urlaub. Mir war's egal, ich unterstand vorläufig nicht mehr meiner Kompanie, sondern musste auf den Befehl des Hauptmannes warten.

Auch der Oberjäger konnte mir nichts mehr anhaben, aber der wollte das scheinbar auch nicht mehr, er war wie ausgewechselt, man könnte es fast freundschaftlich nennen.

Am Christtag in der Früh kam der Feldwebel vom Tross und fragte laut nach Freiwilligen fürs Pferdebewegen. Die Tiere mussten jeden Tag ihren Auslauf haben. Ich musste zu jeder Zeit abfahrbereit sein, also verzichtete ich auf den Ausgang und meldete mich bei den Pferden.

Ich hatte geglaubt, meine Abberufung musste jeden Augenblick kommen, aber es dauerte 14 Tage bis der Befehl, dass ich mit dem Zug nach Wattens zu fahren hatte, hier eintraf.

In diesen zwei Wochen lernte ich ein bisschen reiten. Es war klar und kalt, die Sonne war noch nicht aufgegangen. Ich stand am Bahnsteig und fror etwas. Natürlich war ich zu früh da, ich wollte den Zug auf keinen Fall verpassen.

Die Wattener Lizum ist ein reines Heeres-Übungsgelände im Hochgebirge, da blieben wir bis Ende

März als Schilehrer unter der Oberaufsicht des Hauptmannes. Obwohl die Schikurse nur zwei Wochen dauerten und dann immer wieder neue Anfänger kamen, verging die Zeit für uns viel zu schnell. Ende März hatten wir unseren letzten Lehrgang, dann packten auch wir unsere Rucksäcke und fuhren hinunter nach Wattens.

Zwei mussten nach Salzburg, zwei nach Innsbruck, einer nach Landeck und ich nach Kufstein. Es waren schöne drei Monate gewesen, obwohl ich ein böses Erlebnis hatte, das ich bis heute nicht vergessen habe:

Ich war mit einer Gruppe etwas abseits in flacheres Gelände gefahren, wo vereinzelt große Felsbrocken natürliche Hindernisse darstellten und die Schüler zu einer Richtungsänderung zwangen. Ich musste ihnen nur zeigen und erklären wie das geht.

Dann zog ich eine schöne, leicht zu fahrende Spur und hieß den ersten nachkommen, dann den zweiten usw. Als einer stürzte, ließ ich den nächsten nicht in der Spur bleiben, sondern links um den Felsen herumfahren. Aber das gelang ihm nicht und bei dem verzweifelten Versuch, noch vor seinem Kameraden stehenzubleiben, wollte er die Stöcke nach vorne spreizen, um so einen Aufprall zu verhindern. Auch das misslang. Stattdessen hatte er mit seinem Stock dem am Boden Liegenden ein Auge ausgestochen.

Ich legte sofort einen Notverband an, da drüben war eine Hütte und neben der Hütte ein großer Schlitten. Ich jagte zwei Mann um diesen Schlitten, dann fuhren wir mit unserem Verletzten in Richtung Lager. Ich erstattete dem Hauptmann Meldung mit genauer Schilderung des Unfallherganges. Nachdem er schweigend zugehört hatte, sagte er knapp: „Richtig gehandelt – du fährst mit noch zwei Mann den Verletzten so lange Richtung Wattens, bis euch ein SanKa entgegenkommt!"

Als wir nach teilweise halsbrecherischer Fahrt zur mäßig abfallenden Straße kamen und der Schlitten ruhig dahinfuhr, glaubte ich, den Verletzten trösten zu müssen. Aber der winkte ab und sagte: „Der Herr da oben wird schon wissen, was er mit mir vorhat!"

Nun, ich bin in keiner gläubigen Familie aufgewachsen, ich habe auch nie an den „Herrn da oben" geglaubt, auch heute noch nicht, aber die Gefasstheit, mit der dieser Junge sein Schicksal trug, hat mich schon sehr beeindruckt.

Jetzt am Bahnhof in Wattens hatte ich den Wunsch, den Jungen zu besuchen, aber das ging nicht – ich wusste gar nicht, wo er war. Er würde wohl in das Priesterseminar zurückkehren, von wo er kam.

Wieder zurück in Kufstein – hier war der Teufel los!

So ein Durcheinander – wenn ich gebildet wäre, würde ich Tohuwabohu schreiben – habe ich noch nie gesehen.

Ich meldete mich beim Spieß in der Schreibstube, auch hier ging's rund. „Ja, ist gut", sagte er nur, „gehen Sie in die Kleiderkammer und fassen Sie neue Klamotten aus, das, was Sie jetzt haben, geben Sie ab. Morgen Früh ist Abfahrt nach Salzburg!"

Da kam ich ja gerade rechtzeitig, das Kasernenleben hätte mir sowieso nicht mehr gepasst. Es ging an die Front! Das war´s, was wir alle wollten und die Begeisterung war enorm. Nur der Friedrich, der dritte von uns drei Freunden, stand abseits. Er blieb in Kufstein als Ausbilder und keiner von uns beneidete ihn. Wir wollten kämpfen, wenn wir auch nicht wussten, wie das vor sich ging. Der Jubel war groß. Die Gerüchteküche hatte immer das Afrikakorps als unsere Zukunft dargestellt, aber was wir hier ausfassten, war alles andere, nur nicht Afrika. Warme Unterwäsche, Wollsocken, Handschuhe, Kopfschützer und vieles andere mehr und alles deutete auf Russland. Wir werden es den Russen schon zeigen!

Ab ging's nach Salzburg. In der Mirabellschule wurden wir untergebracht und die zwei Wochen, die wir da waren verbrachten, waren wir beinahe ausschließlich auf dem Schießplatz. Einmal hatte ich bei drei Schuss die Zwölfer getroffen und mir damit drei Tage Heimaturlaub verdient.

Auf der Fahrt durchs Ennstal stieg irgendwo ein Mädchen zu. Natürlich quatschte ich sie an und die Folge war, dass ich nicht nach Hause fuhr, sondern mit dem Mädel nach Admont und dort die drei Tage mit ihr im Bett verbrachte. Ich konnte die Zeit nicht festhalten, sie lief weiter, obwohl meine Uhr stehenblieb. Es wurde höchste Eisenbahn, ich musste zurück nach Salzburg.

Natürlich hatte jeder von uns ein Mädchen in Salzburg, es gehörte direkt zum guten Ton, dass man sich eine anlachte.

Meine war nicht mehr ganz neu, aber sie hatte etwas, was sie sehr wohltuend von den anderen jungen Mädchen unterschied. Sie hatte eine eigene kleine Wohnung und es war keine Mutti da, die ständig über die Moral der Tochter wachte. Aus diesem Grund war ich abends nicht so oft in der Mirabellschule wie meine Kameraden.

Eines Tages war Abfahrt von Salzburg. Den Tiroler Kaiserjägermarsch – den man fürs 1000-jährige Reich modifiziert hatte – mehr laut als schön singend, marschierten wir mit stolz geschwellter Brust zum Bahnhof. Links und rechts von uns begleiteten uns die Frauen und Mädchen mit unterschiedlich feuchtem Glanz in den Augen. Noch ein Abschied – hinein in den Zug – Abfahrt und ein letztes Winken. Wohin werden wir fahren?

Die Gerüchtemacher hatten Hochsaison. Die Männer sind die ärgsten Tratschweiber! Danzig war das Ziel dieses überaus langen Zuges. Über das Auswaggonieren und das Einschiffen ist nicht viel zu erzählen, außer dass alles ausgezeichnet organisiert war. Auch wussten wir jetzt, dass wir nach Finnland kommen. Bei uns ging die gute Laune nicht aus. Alle, die sich schon in Afrika sahen und fantastische Geschichten über das sagenhafte Temperament der Afrikanerinnen zu erzählen wussten, erklärten jetzt, dass sie froh waren, da hinauf zu kommen. Erstens wäre Afrika sowieso zu heiß und bei den Negerinnen könne man sich leicht den Tripper holen.

Gesprächsstoff und Spaß hatten wir genug bis Hangö, einer südfinnischen Hafenstadt. Wieder ganz so wie in einem Zirkus. Wie gut dressierte Tiere verließen wir das Schiff und pferchten uns in die bereitstehenden Viehwaggons. Die Feldküche war natürlich dabei, da gab es keine Schwierigkeiten.

Mehr Kummer bereitete den meisten der Umstand, dass diese Eisenbahnwagen mehr für den Gütertransport geschaffen waren und über kein Klosett verfügten. Also musste jeder, der einmal „musste", dies durch die offene Schiebetür und vor den Augen aller anderen bewerkstelligen. Man lernt es, die Not macht erfinderisch.

Es ging langsam. Die zwei Dampflokomotiven wurden mit Birkenholz geheizt und es kam vor, dass sie den Zug über eine Steigung nicht schafften. Dann hieß es „Alle aussteigen und anschieben!". Mit „Hooooruck" und viel Geschrei schafften wir es auch immer.

So kamen wir nach Rovaniemi, es war die Endstation der Eisenbahn und der Anfang der 570 km langen Eismeerstraße. Man hatte es eilig, uns da hinauf zu bringen. Mit LKWs fuhren wir die staubige und holprige Straße nach Norden.

Mein Freund, der Hans, und ich waren immer beisammen. Aber als wir alle da waren, man nannte uns Nachersatz, mussten wir antreten – zu zweit abzählen, eins – zwei usw. bis alle durch waren, dann Nummer zwei „vier Schritte vor, rechts um, im Gleichschritt marsch". Hans und ich standen nebeneinander. Jetzt blieb er stehen und ich ging mit den anderen weg. Hans kam mit allen übrigen, die stehenbleiben mussten, zum Gebirgsregiment 141. Wir, die wegmarschierten, wurden dem Gebirgsregiment 143 zugeteilt. Beide Regimenter bildeten die 6. Gebirgsdivision. Die nächsten beiden Wochen wären eigentlich bedeutungslos, wenn sie nicht für mich eine gewisse Bedeutung gehabt hätten. Wir wurden scheinbar hier getestet. Die Gewehrschützen mit dem Karabiner und wir MG-Schützen am schweren Maschinengewehr. Unter Oberaufsicht eines ca. 30 – 35-jährigen Hauptmannes zeigten wir, was wir konnten.

Schon in Kufstein war ich einer der schnellsten beim Lauf- oder Schlosswechsel beim MG, ich war von dieser Waffe fasziniert. Und der Hauptmann war scheinbar von mir fasziniert. Er bevorzugte mich, wo er nur konnte. Schon am dritten oder vierten Tag stand ich nicht mehr in der Reihe, sondern kommandierte einen Halbzug. Er hob mich praktisch in den Rang eines Oberjägers, obwohl ich ein Nichts war. Eine Streitigkeit mit einem Feldwebel entschied er kurzerhand zu meinen Gunsten.

Einmal fragte er, ob ich Schach spiele und war begeistert, als ich „jawoll" sagte. Natürlich spielte ich Schach, das hatte mir schon als Bub der Christian beigebracht. Ja – das war's: Christian! Dieser Hauptmann hatte eine Ähnlichkeit mit Christian! Dieser etwas älftere Freund aus Kindheitstagen, zu dem ich so eine tiefe Freundschaft empfand und fast in ein Abhängigkeitsverhältnis geriet. Die gleichen gütigen Augen, die immer zu sagen schienen: „Versuch's nur, ich helf dir schon, wenn du es nicht schaffst!". Dabei war er immer der Souveräne. Ganz und gar unangefochten.

Ich musste an meine Mutter denken und an die Minuten, als wir zu Hause in unserem ärmlichen Arbeiterviertel am Rande der Straße standen. Auf der anderen Straßenseite stand Christian. Die Mutter verlangte kategorisch und mit zwingendem Blick, dass ich jetzt hinüber zu gehen hatte und Christian meine Freundschaft kündigen sollte. Es half kein „wenn" und „aber", ich musste hinüber – ich hätte heulen mögen. Die graugrünen Augen meiner Mutter waren es auch wahrscheinlich, die mich jetzt einen Befehl des Hauptmannes nicht ausführen ließen.

Als wir nämlich auf die drei Bataillone des Regimentes aufgeteilt wurden, befahl er mich an den rechten Flügel, ich stellte mich aber an den äußerst Linken in die hinterste Reihe. Damit war ich nicht der 4. Kompanie, wo er mich gerne gehabt hätte, sondern der 14. zugeteilt.

Es war für mich kein Erfolgserlebnis, ich war davongelaufen. Als der Hauptmann plötzlich vor mir stand und mit dunkler Stimme fragte, warum ich das getan habe, sagte ich ihm: „Ich weiß es nicht, Her Hauptmann.". Innerlich wappnete ich mit Trotz, aber er ging ohne ein weiteres Wort weg.

Vorne an der „Front" war alles, aber wirklich alles anders, als ich es mir vorgestellt hatte. Wenn ich geglaubt hatte, hier gäbe es keinen Waffenappell oder Sockenappell, den irgendein Feldwebel kontrollierte, dann hatte ich mich getäuscht. Es wurde kontrolliert, ob ein Loch im Socken war, irgendwo an der Uniform ein Knopf fehlte oder die Waffe in erstklassigem Zustand war – ganz wie in der Kaserne! Mit dem Unterschied, dass drüben auf den Höhen die Russen waren.

Sie schossen auf alles, was sich bei uns bewegte. Wenn zu Mittag die Tragtierführer mit ihren Mulis unseren Eintopf brachten, wummerten fast immer die russischen Granatwerfer, wenn dann ein Muli erschrocken herumlief, begannen die Russen mit ihren schweren Maschinengewehren den oder die Mulis zu beschießen.

Die Tage wurden immer länger und wir sahen zum ersten Mal die Mitternachtssonne. Es war ein erhebender Anblick. Eines nachts sah ich aber nicht nur die Mitternachtssonne, sondern auf dem Berg vor uns eine Bewegung. Mit dem Fernglas beobachtete ich den Russen, wie er ganz langsam vom Bergrücken so an die 5 – 6 Meter in den Vorderhang stieg und hier im Irgendwo verschwand.

Jetzt verließen 2 Mann das Versteck. Es mussten also 2 Mann hier Wache halten. Ich meldete meine Beobachtung dem Oberjäger und wir warteten 2 Stunden, dann konnten wir die Ablösung dieser zwei Russen beobachten. Das musste der von uns schon lange gesuchte Beobachter sein, der das Feuer der Granatwerfer lenkte. Jetzt waren die Minuten des gegnerischen Postens gezählt!

Genaue Entfernung auf meiner optischen Zieleinrichtung eingestellt, es waren 1250 Meter. Einzelfeuerhebel herab und dann wartete ich wie der Jäger aufs Wild – ich hatte keinerlei Bedenken mehr. Jetzt war der Erste da, peng der lag da. Der Zweite kam – peng, den schleuderte es zurück, er rührte sich nicht mehr. Jetzt kam noch einer aus dem Versteck und auch den erwischte ich. Dann rührte sich nichts mehr.

Der Oberjäger hatte alles mitbeobachtet. Jetzt wurden da drüben Nebelgranaten geworfen, damit ich keine Sicht mehr hatte. Ich drückte den Hebel für Einzelfeuer wieder hinauf und wartete ein wenig. Dann schoss ich einfach in den Nebel hinein.

Ich hatte schon längst aufgehört zu schießen, räumte die leergeschossenen Gurte weg, als es rechts von mir einen furchtbaren Knall gab. Der Oberjäger schrie: „Das ist PAK, zurück in den Graben!"

Während ich das MG samt Lafette zurückzog, krachte es zum zweiten Mal. Die Mauer neben dem MG-Stand, dort wo der Oberjäger sich duckte, war wie weggeblasen. Ich war mit meinem MG kaum hinten, als ein dritter Schuss der Panzer-Abwehrkanone meine MG-Stellung vernichtete.

Der Oberjäger war natürlich schon vor mir in Sicherheit.

Der lief jetzt zu einem kleinen Hügel, dort war auf einer langen Stange ein Brett befestigt. Das wurde immer geschwenkt, damit die Russen sahen, dass sie nichts getroffen hatten.

Meistens ließen sie sich provozieren und eröffneten wütend das Feuer. Aber diesmal glaubten sie scheinbar nicht, dass sie mich nicht erwischt hatten.

Das war ein Tag wie viele andere in der Tundra. Erbarmungslosigkeit auf beiden Seiten – so ist der Krieg.

Ende August 1942 sollte unsere Division von der 2. Gebirgsjägerdivision abgelöst werden. Wir Jungs waren ja noch nicht lange vorne an der Front, aber die „sechste" hatte den vergangenen Winter und die mörderischen Maikämpfe hinter sich, wo so mancher „Alte" das Lachen verlernte.

Der 28. August begann wie jeder andere Tag auch. Alles raus, zehn Minuten Frühsport, dann wurde das Frühstück verzehrt – ich hatte meist keines mehr, weil ich am Abend davor meine Ration schon aufgegessen hatte. Dann wurden Arbeitstrupps eingeteilt, denn wir verbesserten ununterbrochen unsere Stellungen. Um 7.00 Uhr war Arbeitsbeginn.

Aber an diesem Tag begann um Punkt sieben Uhr die russische Artillerie unseren Stützpunkt unter Feuer zu nehmen. Feindlicher Beschuss war an und für sich nichts Besonderes. Wir hörten schon am Rauschen, das die Granate verursacht, wo sie ungefähr einschlagen wird. Aber diesmal hörten sie nicht auf – im Gegenteil, es kamen noch die Granatwerfer und die russische überschwere Version dieser unguten Waffe dazu. Ungut deshalb, weil das Geschoss fast senkrecht herunterfällt. Man hört sie erst im letzten Augenblick und es gab kaum Schutz dagegen.

Jetzt war es Mittag und sie beschossen uns mit unverminderter Heftigkeit. Es wurde höchste Alarmbereitschaft gegeben, das hieß, alle Mann an die Gefechtsstände. Dann kam der Zuruf „Alle Unteroffiziere und Gruppenführer zum Stützpunktkommandanten!". Wir erwarteten einen Angriff der Russen. Plötzlich der nächste Ruf von Mann zu Mann: „Alle Offiziere und Unteroffiziere gefallen!"

Der Unterstand, wo die Lagebesprechung stattfand, bekam einen Volltreffer. Mein Oberjäger war auch tot. Dann kam über Funk der Befehl vom Bataillon: „Alles bleibt auf Gefechtsstation – Stützpunktkommandant ist ab sofort der Obergefreite XY – das Kommando über den MG-Halbzug übernimmt der Gefreite Munz!"

Jeden Augenblick konnten die Russen kommen. Ich lag hinter meinem MG, neben mir mein Schütze Zwo, der die vollen Patronengurte so zu halten hatte, dass keine Ladehemmung entstehen konnte. Ich schaute mir die Augen aus. Warum kamen diese Arschlöcher nicht?

Wir unterhielten uns nur wenig, aber doch so viel, dass ich merkte, dass mein Kamerad keine Antwort mehr gab. Als ich ihn anstieß, fiel sein Stahlhelm herunter und darin war ein Teil seines Kopfes, den der

Helm schützen sollte. Ein Granatsplitter hatte ihm unterhalb des Helmes den Schädel zerschnitten und ich hab nichts davon wahrgenommen.

Ich war hochgradig nervös, der Schütze Eins vom 2. MG war auch schwer verwundet und die Russen schossen noch immer aus allen Rohren auf unseren Stützpunkt.

Solange die Ari schießt, werden die Russen nicht angreifen, ging es mir durch den Kopf und ich zog den Leichnam meines Kameraden vom MG weg, den Helm mit dem Oberteil seines Schädels und dem grauen Gehirn legte ich zu ihm. Dann sagte ich dem nächsten meiner Leute, dass er nun bei mir Schütze Zwo sei.

Begeisterung sah ich keine in seinen Augen, die hielten die MG-Schützen für einen Himmelfahrtsanwärter. In meiner Aufregung schraubte ich von einer ganzen Kiste Eierhandgranaten die Schraubverschlüsse herunter.

Es ging gegen Abend, die Sonne stand schon im Westen. Die Uhr zeigte genau 19.00 Uhr, als es plötzlich unheimlich still war. Jetzt musste es kommen, dieses „Ureee – Germansky". Es fiel kein Schuss mehr und es blieb aus das markerschütternde „Uree – Germansky" aus. Alles still. Wir blieben noch zwei Stunden in Alarmzustand, dann wurde über Funk der Alarm beendet und nur erhöhte Aufmerksamkeit befohlen.

Aber es geschah nichts und ich musste bei allen Handgranaten die Verschlüsse wieder zuschrauben.

Nach einer Stunde bekamen wir das Mittagessen, das Abendessen und das Frühstück für den nächsten Tag auf einmal und ich merkte erst jetzt, welchen Hunger ich hatte.

Die Toten und Verwundeten wurden noch in der Nacht abtransportiert, aber nicht im Schutz der Dunkelheit, denn es schien die Sonne im Norden.

Am nächsten Tag kam der Kompaniechef und gab mir noch einmal den Befehl über die zwei Maschinengewehre und die Mannschaft. Dann fragte er, ob ich mich nicht zu zwölf Jahren verpflichten wolle. Obwohl ich grundsätzlich dafür war, zögerte ich. Er merkte es und meinte:" Na, überlegen Sie sich´s."

Am 31. August 1942 verließen wir K2a – so hieß unser Stützpunkt – und gingen die ca. 7 km zurück zu unserem Trosslager. Es war keine besonders gute Stimmung bei uns, obwohl wir keineswegs als Geschlagene nach rückwärtsgingen.

Ich hatte überhaupt keine Zeit zum Nachdenken. Die Munition musste gezählt werden, die, welche jedes MG bei sich haben musste und jene, die wir dem Vorkommando der 2. Division übergeben sollten. Die Waffen unserer gefallenen und verwundeten Kameraden mussten ebenfalls samt dazugehöriger Munition mitgenommen werden. Und noch eine Menge Dinge mussten erledigt werden. Ich bemühte mich, denn ich wollte das in mich gesetzte Vertrauen rechtfertigen.

Also kamen wir zum Tross. Beim Gefechtsstand unserer Kompanie ließ ich halten und ging hinein. Ein

mir noch fremder Leutnant sagte: „Warten Sie draußen, ich komme gleich". Als ich ihm dann etwas später
die Meldung gemacht hatte, begann er mit mir zu brül-
len.

Ich hatte bei meinem militärischen Gruß den kleinen
Finger meiner rechten Hand etwas abgespreizt gehabt.
Das brachte ihn so auf, dass er mich jetzt zu schleifen
begann – „Auf, marsch, marsch, hinlegen" immer und
immer wieder, bis ich mit meinem Bauch in einer Was-
serpfütze landete, dann befahl er „am Koppelschloss
kehrt" und dann „in 10 Minuten will ich von Ihnen in
tadellosem Zustand eine neue Meldung erhalten!"

Ich glaube nicht, dass auch nur einer meiner Kameraden hämisch grinste. Alle halfen zusammen, meine
dreckige Montur wieder in Ordnung zu bringen. Als
ich ihm dann zum zweiten Mal Meldung erstattete,
sagte er nur:" Na, warum geht´s jetzt?" Er kontrollierte nicht die Vollständigkeit der Bewaffnung, es war
ihm mein kleiner Finger wichtig gewesen. Ich hatte
wieder einen Schweinehund vor mir. Er war ein
Kärntner, rothaarig und hatte den Rang eines Leutnants.

Als die Ablösung des ganzen Bataillons abgeschlossen war, marschierten wir zurück bis Kilometer 67 an
der Eismeerstraße. Das ist ganz in der Nähe des Inari-
sees und schon wieder im Waldgebiet – also nicht
mehr baumlose Tundra. Dort bauten wir ein Lager.
Teilweise aus Stämmen richtige Blockhäuser, teilweise
Baracken aus Fertigteilen.

Termingerecht zu den ersten Schneestürmen im Oktober wurden wir fertig. Die Tage waren schon sehr kurz und der Schnee blieb schon liegen, wir mussten jeder ein Paar Schi ausfassen.

Während vorher jeweils nach dem Morgenappell alle zu Arbeitstrupps zusammengestellt wurden, teilte man Späh- und Stoßtrupps ein. Bei einem solchen Stoßtrupp, bei dem wir jede Feindberührung nach Möglichkeit vermeiden sollten, stießen wir mit einem russischen Spähtrupp zusammen.

Da es zum Schießen schon zu spät war, kam es zum Handgemenge. Ich bekam einen Russen unter mich und stach auf ihn ein – ich weiß nicht mehr wie oft – meine Kameraden haben mich von ihm weggezogen.

Wir machten noch unsere vorgeschriebene Route, da nur einer leicht verletzt war. Beim Heimweg bekam ich dann meine Rüge. Der Spähtruppführer, ein Oberjäger aus Kärnten – er war schon in Frankreich und Griechenland mit dabei – kam neben mich und raunte: „Des darf dir nimmer passieren, du stichst do auf an hinigen Russen umanand, während wir mit den Lebenden fertig werden miassn!"

Robert – so hieß er, war ein guter Kamerad und er hatte natürlich Recht. Ich war außer Kontrolle geraten und das war in keinem Fall gut. Es war mir ein willkommener Anlass auf ein anderes Thema zu kommen, indem ich ihm eine Verletzung an meinem Unterarm meldete. Wie sich später herausstellte ein Messerstich, der aber keinerlei Folgen hatte.

So vergingen die Tage, wir wurden ständig auf Trab gehalten und es näherte sich wieder Weihnachten. Wie feiert ein Soldat in Nordfinnland? Er schüttet den ganzen Alkohol, den er bei den Marketenderwaren erstehen konnte, durch seine Kehle! Als so ziemlich alle Flaschen leer waren, standen wir auf den Tischen und sangen aus voller Brust das Südtiroler Bergsteigerlied.

Trotzdem ich randvoll war, merkte ich, dass sich eine Hand auf meine linke Schulter legte. Der Leutnant stand hinter mir, hatte seinen Arm über meine Schulter gelegt und sang begeistert mit. Die aufgestaute Wut ergriff von mir Besitz und ich rammte ihm meinen rechten Ellbogen in den Leib. Er fiel rücklings hinunter und blieb liegen. Erst als wir fertiggesungen hatten, wurde er entdeckt und in seine Unterkunft gebracht.

Beim Morgenappell am nächsten Tag sah er mich ein bisschen komisch an, ihm schwante etwas, aber es war wahrscheinlich zu vage in seiner Erinnerung, um offen gegen mich vorzugehen. Es blieb ein Kampf mit verdecktem Visier, bei dem er einen willfährigen Helfer hatte.

Dies war ein Feldwebel, der jetzt den Halbzug führte, dieser versuchte mir das Leben schwer zu machen. Jedes Mal, wenn ich beim Kartenspiel oder einer Partie Schach saß, musste ich zu irgendeinem Appell antreten. Einmal waren es die Socken, ein anderes Mal kontrollierte er meine Pistole oder das MG, irgendetwas fand er immer. Seine kleinen Gemeinheiten zahlte ich ihm aber immer zurück! Das ging beinahe immer nach dem gleichen Schema vor sich. Wenn wir gerade auf Späh- oder Stoßtrupp waren, mussten wir unter Führung des Feldwebels mit voller Ausrüstung in der näheren Umgebung herumfahren. Jeder der Männer – einschließlich dem Feldwebel – hatte einen riesigen Rucksack, wo alles Nötige für drei Tage mitgeschleppt werden musste und dazu noch alles für uns 4 MG-Schützen, denn wir brauchten keinen Rucksack zu tragen.

Es kam dann meine große Stunde. Der Feldwebel konnte nicht Schifahren. Er war weder körperlich noch geistig wendig genug, um sich hierbei keine Blöße zu geben. Er fuhr immer als erster einen Hang hinunter und brachte nie einen Bogen zustande. Die Folge war, dass er immer geradewegs in ein Gestrüpp fuhr. Sein Kopf sank tief in den Schnee, weil der schwere Rucksack den nötigen Nachdruck verlieh. Mit den Füßen kam er aus dem Gestrüpp nicht heraus, seine Hände fanden keinen Halt, weil der Schnee so tief war.

Er kämpfte einen heroischen Kampf mit den Elementen, während wir ihm schadenfroh zusahen. Aber beinahe zur Raserei brachte diesen cholerischen Feldwebel, wenn ich ihn – kurz bevor er endlich frei war – scheinheilig fragte: „Soll ich Ihnen etwa helfen, Herr Feldwebel?"

Seine Tobsuchtsanfälle waren sehenswert und er war außer Stande etwas dazuzulernen.

Im Jänner 1943 wurde dann eine Langlaufmannschaft zusammengesucht. Es sollten Divisions- und

Armeemeisterschaften ausgetragen werden und ich wurde dazu abkommandiert. Den Feldwebel wird es sicher nicht viel weniger gefreut haben als mich, dass ich weg war.

Wir waren 15 Mann bei der Mannschaft und liefen jeden Tag 18 Kilometer, dann Sauna. Nach dem Mittagessen war eine Stunde Ruhe vorgeschrieben, um nachher mit den Langlaufschiern am See Abfangen zu spielen. Das war unser Dienst. Wir waren eine übermütige Bande und der junge Leutnant war ein echter Sportsmann, der es in kurzer Zeit schaffte, aus uns ein Team zu formen.

In diesem Winter spürte ich nicht viel vom Krieg, obwohl wir auch als Jagdkommando eingesetzt waren. Da bekamen wir dann weiße Tarnmäntel und Maschinenpistolen und waren manchmal drei Tage unterwegs. Wo wir genau waren, konnte ich nie sagen, denn erstens ist es im Winter immer so halb dunkel und zweitens schaut jeder Hügel ziemlich gleich aus wie der andere.

Feindberührung hatten wir nie. Nur die Kälte machte uns zu schaffen, wenn wir uns in eine Schneewehe eingruben und nur eine Kerze als Wärmespender zur Verfügung stand. Feuer durften wir keines machen. Aber es gab nie einen Fall von Erfrierung bei uns.

So ging der Winter 1942 – 1943 für mich in angenehmer Weise vorüber. Ungefähr Mitte April wurde ich verständigt, dass ich Heimaturlaub bekomme und

Ende April sollten die Meisterschaften sein. Der Urlaub ging natürlich vor und so fuhr ich am 19.4.1942 mit Sack und Pack und einigen Flaschen Schnaps in Richtung Heimat.

Erst jetzt kam es mir zu Bewusstsein, dass ich seit dem 5. Jänner 1941, also seit mehr als 2 Jahren, nicht mehr daheim gewesen war. Abgesehen von einem Tag zwischen RAD und Kufstein.

Irgendwo in Finnland war eine Entlausungsstation, durch die jeder geschleust wurde. Ja es war auch daran gedacht, dass wir nicht mit diesen kleinen Tierchen heimkommen konnten.

Dann ging's aber ab durch Finnland. Diesmal führte uns das Schiff nach Riga, von dort mit der Bahn über Oberpreussen Richtung Wien.

Hier in Wien erhielt ich auf meinem Urlaubsschein einen Stempel, von da an hatte ich 25 Tage Urlaub. Es war der 4. Mai 1943. Am nächsten Tag kam ich unangemeldet heim, ich hatte in meinem letzten Brief nichts vom Urlaub geschrieben. Jetzt stand ich da und meine Eltern fielen beinahe in Ohnmacht.

Meine Mutter war etwas kleiner und dünner geworden und auch der Vater war schmächtiger, als ich ihn in Erinnerung hatte. Aber ich ließ keine Sentimentalität aufkommen, sondern fischte eine Flasche Doppelwacholder aus meinem Rucksack und während wir diese leerkosteten, erfuhr ich, wie es meinen Brüdern ging.

Auch Fritz war freiwillig eingerückt und was es sonst noch Neues gab. In Wien hatte ich das rote Schilehrertüchlein hervorgeholt und umgebunden und sonnte mich natürlich in dieser fast einmaligen Würde. Oben bei der 6. Division war mir das ja nicht gestattet.

Also daheim war alles ein bisschen anders als damals, bevor ich wegging. Meine Jugendfreunde waren nicht mehr da, von einem oder anderen hieß es, er sei gefallen. Das Mädchen Cilli war auch nicht mehr da, sie hatte einen Bauern geheiratet. Auch gut. Ich wäre ihr sowieso ungern gegenübergestanden. Auch alle Leute waren irgendwie anders, die einen glaubten, sie müssten mir Mut machen, die anderen redeten einem nach dem Mund, sie waren einfach nicht ehrlich.

Zwischen meinen Eltern und dem Gendarmeriebeamten im Haus bestand jetzt offene Feindschaft. Er hatte der Gestapo (Geheime Staatspolizei) schon zweimal gemeldet, dass meine Eltern Feindsender abhörten. Dabei hatten wir gar kein Radio und die Hausdurchsuchungen verliefen ergebnislos.

Alles in allem war hier eine Stimmung des sich gegenseitigen Belauerns. Trotzdem verging der Urlaub viel zu schnell und ich stand wieder am Bahnhof. Die Mutter weinte, der Vater sah zu Boden und ich fuhr unbekümmert nach Norden.

In Insterburg in Ostpreußen mussten wir mit der Weiterfahrt bis zum Abend warten und jetzt war Mittag. Was macht man, wenn ein paar Stunden gewonnen sind? Richtig! Einen Stadtbummel. Dabei lernte ich ein Mädchen kennen, bei der ich es nicht wagte, gleich aufs Ganze zu gehen. Wie hielten uns an den Händen, sahen uns in die Augen und redeten über Nebensächlichkeiten. Den Nachmittag haben wir mit Spazierengehen vertrödelt. Es wurde Abend und ich musste zum Bahnhof. Nachdem sie meine Feldpostnummer und ich ihre Adresse hatte, verabschiedeten wir uns mit einem hingehauchten Kuss. War das jetzt Liebe?

Wir fuhren weiter nach Riga, auch da mussten wir bis Einbruch der Nacht warten. Selbstverständlich ging ich auch da aus und redete ein Mädchen an. Sie tat sehr geziert, ich durfte sie nicht anfassen, allerdings duldete sie es, dass ich mitging. Sie sprach etwas Deutsch. Wir gingen sehr weit in die Vorstadt hinaus, bis sie endlich sagte, dass sie zu Hause sei. Und da ergriff sie die Initiative. Sie zog mich ins Haustor und begann mich zu küssen. Es war ein bisschen zu viel Lippenstift auf ihren Lippen, den Mund hatte sie viel zu weit offen beim Küssen und ihre Zunge suchte in meinem Schlund herum.

Lieber Freund, was soll ich dir noch erzählen? Hier hat ein deutscher Gebirgsjäger die Flucht ergriffen! Ich nahm mir vor, von diesem Erlebnis meinen Kameraden oben nichts zu erzählen! Aber wie das so ist, hab ich´s dann doch getan. Die Folge war, dass wir uns wochenlang darüber gut unterhielten und viel Spaß daran hatten. Jeder malte sich in seiner Phantasie die Situation noch ein bisschen drastischer aus, als sie ohnedies war.

Ich war also wieder „daheim" bei meinen Kameraden und es war die 3. Juniwoche im Jahre 1943. Der übliche Dienst, in regelmäßigen Abständen Wache und hin und wieder Spähtrupp gehen, das war der Alltag hier hinten und natürlich die vielen tausend Moskitos, die Quälgeister, die sogar durch die wollenen Handschuhe durchstachen.

Dann wurde es für mich wieder anders. Ich wurde zu drei Lehrgängen abkommandiert. Der erste Lehrgang hieß „Nahkampf – Mann gegen Mann" – ich hatte meinen Oberjäger in Verdacht, dass er mich vorgeschlagen hatte. Wir lernten da nämlich unter anderem auch, wie man einen Mann mit einem einzigen Messerstich kampfunfähig macht.

Der zweite Kurs war ein Panzernahkampf-Lehrgang und dauerte ebenfalls 10 Tage. Bei dieser Schulung war uns allen ein bisschen mulmig, da mussten wir auf einen fahrenden T34 Panzer aufspringen. Dabei durfte uns der MG-Schütze im Panzer nicht sehen, also in letzter Sekunde aus dem toten Winkel mit einem Hechtsprung auf den Tank – mit Bauchlandung natürlich.

Das übten wir 10 Tage lang, immer und immer wieder.

In allen drei Lehrgängen waren wir nicht sozusagen ein Team, welches auf drei Ebenen geschult wurde, sondern es waren immer andere Männer, die die Schulungen besuchten.

Im dritten Lehrgang, der mich persönlich am meisten interessierte, wurden wir zu Mineuren ausgebildet.

Hier lernten wir den Umgang mit Sprengstoff, Sprengkapsel und Zündschnur. Die Verlegung von Minen verschiedenster Art sowie das Entschärfen von russischen und allen anderen Sprengsätzen – die damals bekannt waren – gehörten ebenfalls dazu.

Dieser Lehrgang dauerte 2 Wochen. Damit war der Juli vorbei und wir marschierten wieder nach vorne und übernahmen wieder unsere alten Stützpunkte. Diese waren gleich verlaust und verwanzt, wie vor einem Jahr. Auch die Russen schossen noch immer auf alles, was sich bewegte. Es hatte sich nichts verändert.

Der Sommer da oben ist nur kurz, trotzdem werden die Heidelbeeren und die etwas größeren Blaubeeren reif. Wir machten davon Gebrauch, wann immer es ging.

Es ging dann sehr schnell, die Nächte wurden dunkler und länger, war zur Folge hatte, dass die Spähtrupptätigkeit intensiver wird. Schon bald wurde Winterbekleidung, also Pelzjacken und Pelzhosen an jeden ausgegeben. Das hatten wir voriges Jahr noch nicht. Das war aber noch nicht alles. Jeder bekam einen „Ostanzug" – das war ein in Tarnfarbe gefertigter, wattierter und wasserabstoßender Anzug, der, wenn man ihn wendete, auch für den Winter einen vorzüglichen Tarnanzug abgab, denn er war blütenweiß.

Da wurden wir also gut ausgerüstet, dementsprechend war auch unsere Hochstimmung. Das änderte sich auch nicht, als die ersten Regenschauer niedergingen und den nahenden Winter ankündigten. Jeder, der vom Posten hereinkam, schimpfte wie ein Rohrspatz.

An allem war natürlich der Iwan schuld: Dass wir hier sein mussten, dass es regnete und wir nass wurden (ganz wasserdicht war der Ostanzug also nicht), dass das Essen manchmal schon kalt ist und so weiter.

Für alles hatten wir einen Schuldigen – und das war IWAN. Hämorrhoiden war das geringste, was wir jedem Einzelnen da drüben wünschten. Natürlich diente diese Schimpferei mehr der Aufheiterung und es gab keineswegs ein Anzeichen von Depression. Obwohl es auch das gab. Einer der Männer hatte sich mit der Brust auf eine Handgranate gelegt und abgezogen. Er war ein stiller, introvertierter Mensch, von dem wir so gut wie nichts wussten. Der arme Hund hatte wahrscheinlich den Tundrakoller, sagten wir und gingen wieder zur Tagesordnung über.

Wie viel dieser Mensch gelitten haben mag unter uns grobschlächtigen Kerlen, darüber hat sich bestenfalls Thomas – unser Sanitäter – Mönch und Priester Gedanken gemacht. Obwohl man in niemanden hineinschauen kann, so glaube ich doch, dass bei den Meisten Niedergeschlagenheit unbekannt war.

Die meisten Liebesbriefe an die verschiedenen Bräute zu Hause wurden von der ganzen Unterkunftsbesatzung diskutiert, was dabei herauskam, kann man sich gar nicht vorstellen und ich möchte es auch nicht niederschreiben. Nur die ernstgemeinten an Käthe aus Interburg schrieb ich allein und ich las ihre Briefe auch nicht meinen Kameraden vor. Das taten wir zur allgemeinen Belustigung nämlich auch mit den anderen Briefen.

Dann wurde es mit dem Winter aber ernst und jeder zog alles an, was er hatte. Weihnachten nahte und es wurden Marketenderwaren auf den Stützpunkt gebracht. Rasierseife und -klingen sowie verschiedene Alkoholika, Duftwässerchen und Schreibutensilien. Alles in Allem wie beim billigen Jakob. Hier konnte man erstehen, was man mehr oder weniger gut gebrauchen konnte.

Kurz vor Weihnachten kam unser Kommandeur auf den Stützpunkt und auch in unsere Unterkunft. Was uns alle beeindruckte und mir im Gedächtnis blieb, war Folgendes:

Wir saßen beim roh gezimmerten Tisch, auf den wir statt eines Tischtuches eine Mannschaftsdecke gebreitet hatten und sprachen. Der Major erkundigte sich bei den meisten nach ihrem Zuhause. Da kroch eine Kleiderlaus über die Decke und der Major tat das, was wir alle getan hätten: Er zerdrückte sie mit den Fingernägeln seiner Daumen. Er machte das ganz selbstverständlich und ohne Aufhebens. Er selbst wird es vielleicht nicht beachtet haben. Er hat sich damit aber eindeutig in unsere Reihe gestellt – er war einer von uns!

Der Major war schon lange weg und wir beschäftigten uns noch immer mit ihm. Der einhellige Tenor war, dass wir für ihn durchs Feuer gehen würden.

An diesem Heiligen Abend konnten wir uns nicht so betrinken wie im vorigen Jahr, dafür sah ich zum ersten Mal das Nordlicht, wie es einem Band ähnlich über das klare Firmament schwebte.

Der Stützpunktkommandant, ein Oberleutnant, kam zur Kontrolle. Ich rief ihn an und verlangte das Losungswort. Er sagte es, darauf ließ ich ihn näherkommen und machte meine Meldung. Er verwickelte mich in ein Gespräch über die Aurora, über Zuhause und auch über Mädchen. Bevor er ging, sagte er: „Obergefreiter Munz, Sie sind ja sentimental!" und ich zurück: „Nein, Herr Oberleutnant!" Er blieb noch einmal stehen und sagte leise: „An einem solchen Tag und bei dieser Beleuchtung kann man es schon sein, aber nicht aufs Aufpassen vergessen!" Dann stand ich wieder allein und starrte in die helle Nacht hinaus. Es passte mir gar nicht, dass da jemand einen Blick in mein Inneres tun konnte.

Die Feiertage vergingen, ohne dass der erwartete Angriff der Russen kam. Die Temperatur sank auf unter minus 40 Grad, wir konnten nur noch 10 Minuten auf Wache bleiben. Trotz Filzstiefel und 10 Minuten am Stand springen waren die Füße schon weiß, wenn wir nach dieser Zeit nicht in unsere Unterkunft kamen. Wie mussten sie mit Schnee abreiben, bis das Blut wieder zirkulierte. Schlafen konnten wir immer nur höchstens eine Stunde, dann mussten wir wieder für 10 Minuten hinaus.

Aber den Sowjets drüben ging's ja nicht besser. Unvermittelt brach die Kälte und schlechtes Wetter setzte ein. Da hieß es wieder mehr aufpassen und mehr Spähtrupps. Ich ging gern mit meinem Oberjäger, er war umsichtig und vorsichtig und er hatte da draußen ein absolut sicheres Versteck. Obwohl wir unsere

Route immer abgingen, fanden wir doch immer genügend Zeit zwei, drei Stunden im Versteck zu schlafen. Das ging eine Weile gut, dann wurden wir verraten und Robert wurde degradiert und als Spähtruppführer abgelöst. Diesen Posten übernahm dann einer, der nach drei Wochen mit seinem Spähtrupp den Russen in die Falle ging. Es kam keiner zurück – wir hörten nur, dass draußen geschossen wurde und sahen uns betroffen an.

Robert wurde wieder befördert und unser Kompaniechef sagte ihm auch, wer ihn verraten hatte. Bei seinem ersten Spähtrupp nach seiner Wiederbeförderung nahm er den Verräter mit, hatte Feindberührung und einen Toten zu beklagen. Unter dem Druck der Russen mussten sie sich zurückziehen und niemand von uns trauerte um den Verräter.

Eines Tages kam Robert schon nach 2 Stunden zurück, er hatte da unten an der Liza Schispuren gesehen. Nach sofortiger Meldung an das Bataillon wurde befohlen, die Stelle abzuriegeln. Mit größtmöglicher Lautlosigkeit fuhren wir auch mit den MG´s hinunter. Unsere Geduld wurde auf eine harte Probe gestellt, aber dann kamen sie doch.

Ich war mit meinem Maschinengewehr direkt auf ihrer Schispur und die Russen kamen ahnungslos daher. Ihr Anführer schien ihnen die Gegend zu erklären, als das leise „Feuer frei" erklang.

Das Inferno brach über sie herein – von diesen 35 Mann überlebte nur einer den Feuerbefall, der wurde gefangen genommen. Wir erreichten vollzählig und unangefochten unseren Stützpunkt. Wir waren neun Mann, hatten aber das Überraschungsmoment auf unserer Seite.

Das schwerste Stück Arbeit war, die Waffen der toten Russen zu unserem Stützpunkt zu schaffen.

Um diese Zeit fingen bei mir die Zahnschmerzen an. Obwohl ich die dunkle Lebertranbrühe so trank wie andere den Kaffee, ging mein Zahnfleisch zusehends zurück und die Zähne faulten rapide. Alles, was mir geraten wurde, hab ich getan, um mich von den Schmerzen zu befreien. Der eine sagte „Zigaretten rauchen", da wurde aus mir ein Raucher, dann kamen Zigarren und Pfeife hinzu. Zum Schluss hab ich die Zigarren in Stücke geschnitten und in Schnaps eingeweicht, bevor ich sie gekaut habe.

Anfang Februar wurde die Langlaufmannschaft wieder zusammengestellt, auch ich war wieder dabei. Aber es stellte sich heraus, dass ich nicht ganz dafür geeignet war. Ich konnte wohl die ersten 10 – 12 Kilometer schnell laufen und das Tempo machen, aber ich konnte den sogenannten toten Punkt nicht überwinden. Der Schaum stand mir am Mund und der junge Leutnant, der das sah, erwähnte es bei der wöchentlichen ärztlichen Untersuchung. Daraufhin wurde ich aus der Mannschaft genommen und kam zu unserem Bataillonskommandeur als Melder und Begleiter.

Da blieb ich bis zum 20 April, dann war ich wieder zum Urlaub fahren dran; es war beinahe auf den Tag genau ein Jahr. Diesmal fuhren wir nicht über das Baltikum und Ostpreußen, sondern über Danzig nach Wien, wo wir wieder den Urlaubsstempel erhielten.

Ich war wieder am 5. Mai zu Hause, diesmal aber angemeldet. Meine Eltern hatten auch meine Brüder von meinem bevorstehenden Urlaub verständigt und es schien, als könnten wir uns alle drei zu Hause treffen. Aber es blieb ein Wunsch! Während Rudl für ein paar Tage nach Hause kam, gelang es Fritz nicht, Urlaub zu bekommen. Obwohl wir es gerne vermieden hätten, kam das Gespräch doch immer wieder auf den Krieg und während meine Eltern bedenklich den Kopf schüttelten, waren wir zwei felsenfest vom Sieg überzeugt.

Ein Mädchen gab es im Urlaub natürlich auch. Sie war Schrankenwärterin bei der Eisenbahn und stammte aus Belgien. Ein Unteroffizier, der in Belgien bei der Fliegerabwehr war, hatte sie hierher mitgenommen. Sie erfuhr erst hier, dass er verheiratet war und zwei Kinder hatte. Nach seinem Urlaub ließ er sie einfach hier und sie musste sich Arbeit suchen, damit sie zu den Lebensmittelmarken kam.

So war die Kleine also hier und ich tröstete sie so gut ich konnte. Sie war auch wirklich ein bezauberndes Geschöpf und mit viel Lust bei der Liebe. Oder sollte ich besser schreiben „mit viel Liebe bei der Lust"? Sie wollte unbedingt von mir ein Kind. Wenn sie schwanger sei, erklärte sie mir, bekomme sie die Erlaubnis heim zu fahren. Obs mir gelungen ist? Ich hab's nie in Erfahrung gebracht.

Noch etwas ist von diesem Urlaub erwähnenswert:

Es war Fliegeralarm und alle Menschen strömten zu den Luftschutzbunkern. Ich zog meine Uniform an und ging den Berg hinauf, der gleich hinter dem Haus, in dem wir wohnten, steil anstieg. Ich wollte etwas sehen. Da stellte sich mir ein alter SA-Mann in den Weg und fragte nach meinem Ausweis. Den konnte er sehen. Als er danach greifen wollte, winkte ich ab und sagte ihm: „Nur sehen können Sie ihn!" Er darauf: „Ich muss Sie aufschreiben!" „Dann tun Sie das doch!" meinte ich. Als er meinen Namen und die Feldpostnummer hatte, holte ich einen Zettel und Bleistift hervor und teilte ihm mit, dass auch ich diesen Vorfall melden würde und er solle mir seine und die Anschrift seiner Dienststelle geben.

Obwohl das nur ein ganz gewöhnlicher Bluff war, wirkte er! Der Mann riss den Zettel aus seinem Block und übergab ihn mir mit den Worten: „Vergessen wir´s Kamerad – Heil Hitler!" und ging. Der hätte sich doch beinahe in die Hosen gemacht, als ich von Meldung sprach.

„Vor was hatten die Leute hier eigentlich so Angst?" ging es mir durch den Kopf, während Staffel auf Staffel amerikanischer Bomber von Süden über die Stadt nach Norden flog.

Dann war noch etwas:

Einen Tag, bevor ich wegfuhr, musste ich mich bei der Stadtkommandatur abmelden und natürlich in Uniform. Da sprachen mich ein paar Mann an, sie waren Auslandsdeutsche aus dem Banat und sagten so etwa: „Du Kamerad für uns kämpfen und jetzt mit uns trinken" und einer holte eine Buddel Schnaps aus der Tasche. Natürlich machte ich einige kräftige Schlucke und wir plauderten so gut es ging, bevor wir auseinandergingen.

Diese kurze Episode hatte – so harmlos sie war – ein Nachspiel. Als ich mich bei meiner Einheit wieder vom Urlaub zurückmeldete, musste ich mich beim Major melden, der erkundigte sich, was es denn zu Hause gegeben hätte.

Da ich noch nicht ganz wusste, was genau er meinte, machte ich eine kurze Meldung – wie ich es gelernt hatte: „Beide Eltern gesund, beide Brüder ebenfalls eingerückt und gesund, keine besonderen Vorkommnisse!"

Darauf gab er mir wortlos einen Brief in die Hand und sagte: „Lies!" Da beschwerten sich einige NS-Frauen über einen Obergefreiten Munz, der mit Ausländern auf offener Straße Schnaps getrunken hatte. Sie müssten sich als deutsche Frauen wegen eines solchen Benehmens eines deutschen Soldaten schämen!

Wie das eigentlich gewesen sei, wollte er wissen. Ich erzählte ihm ohne zu zögern die volle Wahrheit. Darauf murmelte er etwas von „blöde Weiber" und entließ mich.

Aber noch war ich ja daheim. Die vorletzte Flasche Aquavit verfeierte ich mit Henriette, der hübschen Belgierin. Wir tranken auf alles: Auf unser Kind, auf ein Wiedersehen, auf den Endsieg und natürlich auf unsere Liebe.

Inzwischen war es morgens und ich musste gehen. Ich machte es kurz, denn es wartete noch eine Flasche Schnaps und noch ein Abschied auf mich. Die Eltern waren schon wach, als ich kam. Alle meine Sachen waren gewaschen und gebügelt, die Socken gestopft (der Feldwebel hätte jetzt seine helle Freude mit mir) und alles lag vollzählig bereit.

Zuerst öffnete ich aber meine letzte Flasche und so nach und nach entleerten wir sie. Die Folge war, dass meine Eltern aufs Weinen vergaßen und fröhlich winkten, während der Zug mit mir langsam den Bahnhof verließ.

Die Fahrt nach Wien war nicht sehr angenehm, ich hatte ein bisschen zu viel Alkohol konsumiert. Ein Bauernsohn, der ebenfalls an die Front musste, sah mir das an und gab mir fünf oder sechs hartgekochte Eier, die ich auch sofort und ohne Salz verzehrte. Danach war ich wieder auf dem Damm.

In Wien waren fünf Stunden Aufenthalt, die Abfahrt unseres Zuges nach Danzig war erst um 16.00 Uhr. Zeit genug, ein Mädchen kennen zu lernen und es ist beinahe logische Folge, dass ich von dem Zug, der mich nach Danzig hätte bringen sollen, nur mehr die Schlusslichter sah. Ich hatte ihn versäumt. Das Mädchen war bei mir, sie hatte mich begleitet und jetzt gingen wir gemeinsam zur Feldgendarmerie – ich musste mein Missgeschick melden. Den bittenden Augen meines blonden Engels hatte ich es dann zu verdanken, dass ich den Stempel „Weitergeleitet am 01.06.44" auf meinen Urlaubsschein bekam.

In dieser Nacht und beinahe den ganzen nächsten Tag kamen wir beide aus ihrem Bett nicht heraus. Alle guten Sachen, die mir meine Mutter mitgegeben hatte – sie hätten ein Vorrat sein sollen – haben wir aufgegessen.

Punkt 16.00 Uhr war Abfahrt, diesmal war ich früh genug am Bahnhof und am Morgen waren wir in Danzig. Dort hörten wir, dass der Geleitzug mit Urlaubern nach Finnland gestern Abend ausgelaufen war. Wir mussten vier Tage warten, bis wieder ein Geleitzug vollständig war, denn ein Schiff allein durfte auf der Ostsee nicht fahren. In so einer Hafenstadt hatten wir Gebirgsjäger die größten Chancen bei Mädchen, aber da in Danzig kam ich zu nichts, wenn ich von einem blauen Auge absah.

Wir machten gleich am ersten Abend einen Kneipenbummel, zu dem sich ein paar Matrosen anschlossen. Wir kamen in ein Lokal, in der eine Menge SS-Soldaten mit Mädchen saßen. Die SS-Leute hatten alle Krawatten, darum nannten wir sie auch „Schlipssoldaten". Nachdem wir Platz genommen hatten, schauten wir uns ein wenig um. Lange brauchte ich nicht zu schauen und mir gefiel schon eine. Ich warf ihr heimlich ein Küsschen zu und winkte sie dann ganz einfach zu mir her. Aber das war dem schwarz gekleideten Helden neben ihr gar nicht recht. Er wollte sie wieder zurückholen – sie wollte aber nicht, das musste ich ihm auf handfeste Art klarmachen.

Dass einer von ihnen saftige Prügel bezog, konnten diese eingebildeten Affen scheinbar nicht ertragen.

Wie auf Kommando stürzten sie sich auf mich, auch meine Kameraden und die Matrosen mischten kräftig mit. Eine Saalschlacht war im Gange und vielleicht hätten wir gewonnen, leider erschien die Feldgendarmerie und wir mussten „Leine ziehen" – wie die Matrosen sagen.

Alles ging gut, wir kamen wieder in unsere Unterkunft im Stadtteil Neufahrwasser und taten, als wären wir schon den ganzen Abend da. Nur ich hatte ein blaues Auge. Wir dachten, man würde nach uns suchen, aber das geschah nicht. Es war und blieb ein großer Spaß. Ich musste halt in der Unterkunft bleiben – schon wegen meiner Einheit. Der Blaue Fleck wurde grün und gelb bis wir das Schiff in der Nacht vom 4. auf 5. Juni betraten und auch gleich ausliefen – wir würden ungefähr eine Woche auf dem Schiff sein.

Meine Sorge galt meinem rechten Auge! Nicht, dass etwas kaputt war, nein, aber ich konnte doch nicht so zu meinen Kameraden zurückkehren. Ich hörte im Geist schon ihr Lachen. Dass ich einmal alles erzählen würde war klar, aber dass ich als Beweis ein blutunterlaufenes Auge mitbringen musste war, nicht notwendig. Also immer schön bei jeder Gelegenheit kalte Kompressen!

Die Sorgen der meisten anderen Soldaten, die hinauffuhren, waren anderer Art. Die Frage, ob wir jemals wieder heimkamen, hab ich mir nie gestellt, aber sie war hier auf dem Schiff allgegenwärtig. Einige spielten mit dem Gedanken der Selbstverstümmelung. In diese

Stimmung, in der Defätisten und Hinterlands-Tachinierer in der Überzahl waren, platzte am 6. Juni die Nachricht, dass die Amerikaner in der Normandie gelandet seien.

Ein zerwühlter Ameisenhaufen bietet keinen hektischeren Anblick, als der Betrieb hier auf dem Schiff. Jeder wünschte sich, die Schiffe mögen umdrehen. Wir hatten uns einige zusammengefunden, die von der 6. Gebirgsdivision und auch welche von der 2. Gebirgsdivision waren dabei. Wir hatten mit dem, was hier so meistens geredet wurde, nichts zu tun. Wenn auch die Schiffe umdrehten, würden wir überall, wo man uns hinschickte, unsere Pflicht erfüllen.

Die Schiffe drehten aber nicht um und es passierte auch sonst nichts auf dieser Reise. Einen Tag vor meinem 22. Geburtstag kam ich zu meiner Einheit und musste zum Major. Nachdem der mich entlassen hatte, ging ich zu meinem Halbzug. Der war jetzt auf einem anderen Stützpunkt, dieser hieß bei uns „Herzogstein". Dieser Herzogstein war eine beherrschende Höhe hinter der Lizafront, man konnte nicht nur die Motovskybucht mit ihren Nebenbuchten, sondern auch die Fischerhalbinsel sehen.

Mit dem Scherenfernrohr, das wir auf dem Beobachtungsstand hatten, sahen wir weit nördlich im Eismeer riesige Geleitzüge von amerikanischen Schiffen, die ungestört nach Murmansk fuhren.

Der Sommer hier war schön und hier gab es auch keine Moskitos, dafür war unsere Unterkunft derart mit Wanzen verseucht, dass es kaum auszuhalten war.

Ich hatte mir schon im vorigen Winter eine Pferdedecke organisiert. So ein Wollach – wie man die Pferdedecke nannte – ist gut doppelt so groß wie eine Mannschaftsdecke und riecht natürlich nach Pferdeschweiß. Das wiederum mögen Läuse und Wanzen nicht. Ich hatte also einen Schlafsack aus einem Wollach und damit Ruhe vor diesen Quälgeistern. Doch nur solange ich ganz drinnen blieb.

Der Sommer verging ohne besondere Ereignisse, einmal landete ein starker russischer Stoßtrupp, der aber keinen Schaden anrichten konnte. Er wurde von einer Jägereinheit aufgerieben.

Es kam wieder der Herbst und die Sonne begann wieder unterzugehen, wir bekamen wieder Winterbekleidung. Am 5. oder 6. Oktober erfuhren wir, dass wir uns in den nächsten Tagen zurückziehen werden. Die Utensilien aller MG-Schützen wurden mit dem Tross zurückgeliefert. Mir gefiel eine schöne weiße Pelzmütze so gut, dass ich meine Gebirgsjägermütze mit meinem Rucksack zurückschickte und die Pelzkappe behielt. Das hat mir beim Abmarsch einen Tadel eingebracht.

Am 8. Oktober räumten wir den Stützpunkt und ich sah, dass alle ihre Gasmasken samt Büchse wegwarfen. Ich warf nur die Gasmaske weg und stopfte mir die Büchse voll mit Butter und Rosinen, von denen im Vorratsraum genügend da waren. Vor dem Abmarsch hielt der Oberleutnant eine kurze Ansprache, in welcher er uns auf den Ernst des Augenblickes hinwies. Dann sah er meine blütenweiße Kopfbedeckung und

frage nach der Uniformmütze. „Verloren, Herr Oberleutnant!" sagte ich ihn kurz. „Mensch", meinte er,
„Sie verlieren jetzt schon Ihre Klamotten, Sie werden
wahrscheinlich auch Ihr Leben verlieren!"

Dann brannten wir die Unterkünfte nieder und zogen uns auf die befohlenen Höhen zurück.

An der Fischerhalsfront war das Gebirgsjägerregi-
ment 136, es war der oben gebliebene Teil der 3. Gebirgsdivision. Und die 136er hatten Schwierigkeiten,
sich vom Feind zu lösen. Wir wurden als Ersatz wieder
nach Norden geschickt und lösten sie ab. Aber jetzt
hatten wir den Druck der Russen! Als diese bei unseren Maschinengewehren nicht vorbeikamen, setzten
sie die Stalinorgel ein. Sie wollten unbedingt hier
durch, aber wir konnten es – obwohl mit Opfern –
verhindern.

Zwei meiner Munitionsschützen, die die Aufgabe
hatten, für mein MG die Munition zu schleppen, waren nicht mehr da. Hügel um Hügel zogen wir uns zurück, einige Male machten wir einen Gegenstoß, wenn
der Iwan allzu schnell auf einem Berg oben war, den
wir gerade aufgegeben hatten.

Das ging sechs Tage so, dann war der 14. Oktober,
der Tag, der uns Überlebenden immer in Erinnerung
bleiben wird. Wenn wir bis jetzt doch in gewisser
Weise das Gesetz des Handelns diktierten, so war das
an diesem Tag anders.

Sie jagten uns förmlich über einen nackten Hang
hinunter. Dazu kam, dass wir von der rechten Flanke

Feuer bekamen. Wir mussten wieder etwas nach Norden, dabei war die Brücke über den Petsamojoki südlich von uns.

Der Petsamojoki (Joki bedeutet Fluss) verbreiterte sich nach der Brücke sehr rasch zu einem Fjord. Dann waren wir am Ufer des Fjordes, zwischen uns und der Brücke war noch ein Fluss, der in den Fjord mündete. Da hatten sie uns jetzt und ich hatte keinen Schuss Munition mehr.

Knapp an der Böschung in guter Deckung saß ich da und sah zu, wie eine ganze Kompanie geschlossen über den Fjord wollte. Es war wie ein Preisschießen für die Russen und drüben kamen nur wenige heraus. Dann versuchten es Gruppen und Züge geschlossen über den Fluss zu der etwa 150 bis 200 Meter entfernten Brücke zu kommen. Diese Strecke zwischen Fluss und Brücke bot keinerlei Deckung. Sie wurden reihenweise abgeschossen, fast keiner erreichte die Brücke.

Inzwischen zerfiel das Bataillon in lauter einzelne ratlose Personen. Ein Kamerad, ebenfalls Schütze 1 von meinem Zug, er hieß Peter und war in Eupen in der Nähe von Aachen zu Hause, hatte scheinbar noch genug Munition. Er schoss was das Zeug hielt. Neben ihm stand aufrecht unser Major und dirigierte sein Feuer.

In meiner Nähe lagen einige Tote und ein Schwerverletzter. Ihm hatte ein Geschoß die Bauchdecke zerrissen, er hielt mit beiden Händen die herausquellenden Gedärme hinein und bettelte, ich solle ihn doch mitnehmen, wenn ich hinüberschwimme. Was sollte ich dem sagen? Ich wagte mich nicht hinüber. Die Angst hatte derart von mir Besitz ergriffen, dass ich keinen vernünftigen Gedanken fassen konnte.

Während ich untätig dasaß und schlotterte, robbte ein Mann ganz langsam zum Fluss. Bei genauerem Hinsehen erkannte ich meinen rothaarigen Zugführer. Der Leutnant kroch Zentimeter für Zentimeter in den Fluss und schwamm so lange er konnte unter Wasser. Obwohl sich der russische MG-Schütze da oben gut auf die Mündung des Baches eingeschossen hatte, kam der Leutnant hinüber. Er schaffte auch die Strecke bis zur Brücke und meine Augen verfolgten ihn noch, als er schon längst über der Brücke in Sicherheit war. Aber dann riss mich der Ruf des Majors herum: „Rette sich wer kann!" schallte es über den Platz. Jetzt musste ich etwas tun, wenn ich nicht verloren sein wollte. Der Leutnant hatte es mir gerade vorgemacht, also kroch ich langsam zum Wasser. Aber nicht zum Bach, sondern zum Fjord und schwamm hinüber. Oft habe ich nachher drüber nachgedacht – wie breit war es dort? Vielleicht 100 Meter? Vielleicht mehr? Oder weniger? Warum habe ich das MG mitgenommen und nicht weggeworfen, wie die anderen auch? Und wie habe ich es mit voller Ausrüstung überhaupt geschafft hinüberzukommen?

Auf jeden Fall kam ich total erschöpft am anderen Ufer an und kroch keuchend auf den Sand hinaus. Da lag ich am Bauch, der Atem ging pfeifend und ich konnte überhaupt nichts denken. Wie von weitem hörte ich, dass mich jemand anrief: „He, du, wer bist du?" und noch einmal „He, du, wer bist du? Antworte!" Mühsam hob ich den Kopf und sagte: „Obergefreiter Munz von der 14. 143." Eine Weile war Stille, dann ein scharfer Befehl: „Sprung auf, marsch, marsch über die Straße!"

Der Befehl riss mich hoch, ich rannte so schnell ich konnte über die Straße. Da sah ich ihn hinter einem Gebüsch winken und lief darauf zu. Es war ein Feldwebel mit vier Mann, ich war also der sechste hier. Wir kannten uns nicht, aber sie fragten nichts und ich war noch nicht in der Lage, etwas zu sagen.

Da draußen auf der Straße gingen jetzt die Russen vorbei, die mussten wohl mit Schiffen auf dieser Seite gelandet sein. Bis jetzt hatte ich zu Unteroffizieren und/oder Feldwebel meist kein gutes Verhältnis, aber jetzt war ich froh, dass da einer war und die Befehle gab und er war auch souverän. Er sah mich an und fragte, ob es mir schon bessergehe. Auf mein Nicken sagte er mehr zu sich selbst: „Jetzt wird niemand mehr kommen, hauen wir ab!"

Da wir nicht auf die Straße hinauskonnten, arbeiteten wir uns durch dichtes Unterholz in Richtung Westen. Wir waren noch nicht sehr weit gekommen, da hörten wir ein langgezogenes „Haaaallloooo".

Der Feldwebel antwortete: „Wer bist du?"

Da vernahmen wir nur die Geräusche von laufenden Männern. Jetzt liefen auch wir. Dann kam noch einige Male dieses langgezogene „Haaaallloooo", aber wir gaben keine Antwort mehr. Es war inzwischen dunkel geworden und wir standen noch sieben oder acht Mal an diesem Tag an einem Fluss, den wir bis an die Hüften im Wasser watend überquerten.

Schließlich hörten wir Lärm von der Straße und schlichen uns vorsichtig heran. Ja, es waren unsere Gebirgsjäger und sie marschierten Richtung Osten. Also dem Feind entgegen.

Wir aber gingen schweigsam zurück, kamen an Baracken vorbei, die wir auch durchsuchten. In einer Baracke fanden wir einen ganzen Wecken Brot und einer sagte mit Galgenhumor: „In der Not frisst auch der Teufel Brot." Da fiel mir meine Gasmaskenbüchse ein. Da staunten diese Burschen, als sie den Inhalt sahen und der Feldwebel meinte: „Auf diese Idee muss erst mal einer kommen!" Wir hatten uns das Brot redlich geteilt, die Butter kam aus meiner Dose und wir waren wieder einigermaßen gut beisammen. Nur unsere Kleider waren nass und in den Schuhen machte es immerfort „quatsch, quatsch", wir hatten noch keine Zeit, das Wasser zu entleeren.

In einer dieser Unterkunftsbaracken fand ich eine Jacke von einem Ostanzug, also eine warme wattierte Jacke von einem Flak-Soldaten, wie man an der Farbe erkennen konnte.

Wie lange wir zurückgingen, weiß ich nicht mehr. Aber dann plötzlich stand ein Offizier da und sein Äußeres verriet, dass er nicht „vorne" gewesen war. Er fragte jeden einzelnen nach der Einheit und deutete mit der Hand: Erstes Bataillon da, zweites Bataillon hier und drittes dort, die 141-er sind 500 Meter weiter.

Zu mir sagte er: „Sie bleiben hier, bis ich Sie ablösen lasse, Sie sind noch am besten beisammen".

Das war ein Befehl und so bestimmt, dass Widerspruch ausgeschlossen war. Ich sagte auch nichts, sondern stellte mein MG zu Boden und sah ihn an. Da griff er in die Tasche und gab mir eine Schachtel Zigaretten und Zündhölzer und verschwand. Bevor ich mir eine ansteckte, machte ich mir ein kleines Feuer und hatte dann Zeit, über den heutigen Tag nachzudenken.

Ich hatte ja schon einige Mal Glück, war dem Sensenmann nur knapp entgangen, aber heute wär's beinahe schiefgegangen. Ach was, zum Teufel mit solchen Gedanken. Ein paar kräftige Schluck Schnaps würden mir jetzt guttun. Aber es kam niemand mit einem Fusel.

Stattdessen kam der Oberleutnant, der Stützpunktkommandant vom Herzogstein, derselbe, der mir vorhersagte, dass ich mein Leben verlieren würde. Aber wie sah der aus! Er hatte keine Uniform und keine Schuhe an, in Unterhose und Unterhemd, nur mit Socken an den Füßen und eine Mannschaftsdecke um die Schultern, so schleppte er sich daher.

Ich bemühte mich, mir keinen Triumph anmerken zu lassen, als ich ihm den Weg zu unserem Bataillon zeigte. Immerhin hatte ich meine weiße Pelzmütze noch. Dass ich ein paar Stunden vorher eine ganz scheußliche, niederträchtige Angst hatte und beinahe körperlich die Anwesenheit des Todes spürte, wusste nur ich. Nicht um viel Geld hätte ich diesen jämmerlichen Zustand – auch mir selbst gegenüber – eingestanden.

Wir waren nicht sehr weit vom Hauptnachschublager für die ganze Nordarmee entfernt. Es war alles da, was ein Soldat nötig hatte. Neue Schuhe, frische Socken, Uniform – ich packte alles ein, was ich erwischen konnte und natürlich Munition. Es sollte nicht noch einmal passieren, dass ich nicht mehr schießen konnte.

Die Russen schienen es eilig zu haben und ehe wir uns versahen, hatten wir schon wieder Feindberührung. Ich gehörte mit sechs Mann zur Nachhut. Wir hatten gerade noch Zeit, das riesige Nachschublager in Brand zu stecken, indem wir einfach Benzinfässer hineinrollten. Ich schoss mit meiner Spritze – so nannten wir das Maschinengewehr – die Fässer kaputt und ein anderer schickte eine Leuchtpatrone hinterher. Es war das Werk einer halben Stunde und wir hatten eine ganze Barackenstadt in Flammen.

Wenn ich sage „wir" so meine ich jetzt die Nachhut. Sie bestand aus einer Jägergruppe acht Mann, einer Pioniergruppe sechs Mann und aus einem schweren Maschinengewehr mit sieben Mann. Geführt wurden wir von einem Feldwebel, der war verwegen und eiskalt, aber alles, was er sagte, hatte Hand und Fuß.

Wir sprengten und zerstörten hinter uns buchstäblich alles, legten Minen und lockten die Russen immer wieder in Fallen und Hinterhalte. Überhaupt hatte ich das Gefühlt, dass wir die Iwans trotz ihrer zahlenmäßigen Überlegenheit zu jeder Zeit wieder zurückjagen hätten können.

Etwas südlich von der Stadt Kirkenes kämpften wir mit wechselndem Erfolg mit den Sowjets um einen Hügel. Es ging darum, den Russen den Zutritt nach Kirkenes zu verwehren. Die Insassen des dortigen Lazarettes wurden auf ein großes Lazarettschiff evakuiert.

Am dritten Tag jagten wir die Russen mit „Hurra" wieder den Berg hinunter, wir waren noch 18 Mann. In fieberhafter Eile versuchte jeder, eine für ihn günstige Stellung zu finden, denn in etwa 1500 Metern sahen wir eine riesige Ansammlung von russischen Soldaten. Dies war eine Bereitstellung für einen Angriff auf uns und umfasste wahrscheinlich zwei Regimenter. Der eine Pionier, ein bärenstarker Salzburger, sagte nur: „Na, guade Nocht, Xandl!" – er hieß Alexander.

Er traf mit diesen Worten genau das, was wir alle fühlten: Gute Nacht!!!

Zu allem Überfluss kamen noch so an die 15 sowjetische Flugzeuge und kreisten ganz nieder über uns. Das machte einen Nebenmann von mir nervös und er wollte seine Stellung wechseln, aber ich fauchte ihn an: „Bleib ja liegen, sonst erschieß ich dich; wenn die uns jetzt sehen, sind wir sowieso alle hin!"

Die Flugzeuge zogen noch einige Kreise über uns, dann flogen sie zum russischen Lager da unten und bombardierten ihr eigene Bereitstellung. Dieser Kelch war wieder einmal an uns vorübergegangen.

Am Abend kam der Melder mit dem Befehl, dass wir uns zurückziehen sollten.

Das Lazarettschiff ist mit allen Verwundeten aus Kirkenes in Richtung Heimat ausgelaufen. Es wurde aber, als es das offene Meer erreichte, von einem russischen U-Boot samt allen Ärzten, Krankenschwestern und Verwundeten versenkt.

Wir zogen uns ohne feindlichen Druck zurück. Von Zeit zu Zeit lag Proviant und Munition für uns an vereinbarten Stellen. Erst am dritten Tag nach ihrem Fiasko mit ihren eigenen Flugzeugen sahen wir sie wieder hinter uns.

Da waren eine Brücke und dahinter ein flacher, niedriger Hügel, ein ideales Schussfeld für mich vom Hügel bis zur Brücke. Wir bauten das MG auf und tarnten uns so gut wir konnten, dann warteten wir.

Es war gerade so dämmrig, als sie kamen, so an die zweihundert Rotarmisten. Wir ließen sie bis auf fünf oder sechs Meter herankommen, dann schossen 18 automatische Waffen in ihre Leiber und es muss die Hölle gewesen sein. Plötzlich riss mich der Feldwebel zurück und schrie mir ins Ohr: „Eigene!" Ich schaute ihn verständnislos an. Eigene? Hab ich jetzt hier zweihundert eigene Kameraden erschossen? Verdammt!

Aber wir hatten keine Zeit zum Nachdenken oder zum Hingehen, um nachzusehen, ob der eine oder andere noch zu retten wäre. Ein Kradmelder kam in höchster Fahrt, aus dem Beiwagen stieg ein Offizier und schrie schon von weitem: „Sofort die Stellung räumen und zurück, die Russen sind über die Höhen rechts an uns vorbeigegangen und sind hinter uns!"

Der Melder war weg und der Leutnant blieb bei uns und trieb uns ununterbrochen an: „Lauft Kameraden, wenn ihr nicht in Gefangenschaft kommen wollt! Lauft, lauft!" Ja, wir rannten was wir konnten und schlüpften noch durch dieses winzige Loch, bevor der Russe zumachte. Es war der 27. Oktober und er ging wieder mit einigem Glück für uns zu Ende.

Aber in dieses Glücksgefühl mischte sich ein bitterer Tropfen. Was war mit diesen zweihundert Gebirgsjägern da hinten? Wer waren sie? Hätten wir nicht helfen müssen? Wir alle wollten Rache nehmen für die Schlappe vom 14. Oktober am Petsamojoki. Von meiner Kompanie schafften es nur etwa zwanzig Mann lebend herüber zu kommen und bei den anderen Einheiten war es ungefähr gleich. Unser Bataillon wurde beinahe aufgerieben. Wie es bei den anderen war, weiß ich nicht, aber wir achtzehn Mann hier bei der Nachhut trachteten danach, den Russen alles wieder heimzuzahlen. Wir wollten vernichten und dafür starben zweihundert deutsche Soldaten! Dieser Stachel saß tief! Später, schon nach dem Krieg, wenn ich den 14. Oktober als eine Art Wiedergeburtstag feierte, spürte ich diesen Stachel noch immer!

Erst vierzig Jahre danach bekam ich Aufklärung über den tatsächlichen Sachverhalt:

Mein damaliger Major schrieb ein Buch über den gesamten Krieg an der Eismeerfront. Dieses Buch bekam ich als Geschenk und ich habe den Autor in seiner Heimat in Tirol besucht. Diese zweihundert waren keine „Eigenen", es waren Russen. Der Major wurde durch einen Streifschuss am Kopf verwundet, sie hielten ihn für tot. Im Schutz der Dunkelheit durchschwamm er den Fjord und stieß zwei Tage später wieder zu uns.

Alle unsere Kameraden, die dort in Gefangenschaft gerieten, mussten sich ausziehen und die Russen kleideten sich mit deutschen Gebirgsjägeruniformen ein. Mit diesem Trick wollten sie uns übertölpeln. Dieses diffuse Licht damals in Verbindung mit unserer Überzeugung, dass hinter uns nur mehr die Russen waren, machte ihnen einen Strich durch die Rechnung.

Einmal hatten wir dann noch Feinberührung, aber sie machten keinen Druck mehr. Die Evakuierung der Finnmark ging nicht ganz reibungslos vor sich, zumal wir uns nicht immer an die Befehle hielten. So sollten wir immer zu dritt jeweils ein Anwesen nach dem anderen räumen. Da die Häuser aber oft sehr weit verstreut waren, ging uns das zu langsam. Wir gingen daher jeder einzeln zu einem Gehöft. Meist waren es sprachliche Schwierigkeiten oder sie hielten mich für einen Deserteur oder Plünderer.

Es dauerte manchmal lange, bis ich den verängstigten Menschen klargemacht hatte, dass ich keinen Hunger oder Durst hatte und dass ich auch sonst nichts von ihnen wollte. Nur fort mussten sie und alles Essbare mitnehmen, den Russen durfte nichts in die Hände fallen.

Es war keine angenehme Arbeit, aber es musste sein.

Bald nach dieser Evakuierungsaktion wurde ich von der Nachhut abgezogen und kam wieder zu meiner Kompanie – es war auch höchste Zeit! Jetzt war es bald ein Monat her, dass ich mich nicht mehr gewaschen und rasiert hatte, wenn man von dem unfreiwilligen Bad im Petsamefjord absah.

Jetzt war wieder alles einigermaßen normal. Essens- und Pausenzeiten waren geregelt und genügend Schlaf bekam ich auch. Mein MG musste ich nicht mehr selbst tragen, es wurde auf Mulis verladen. Wir MG-Schützen hatten es jetzt gut, wir brauchten keinen Rucksack zu tragen und kein MG. Dafür mussten wir, wenn die Straße bergauf führte, den zweirädrigen Karren anschieben und bergab wieder zurückhalten, damit das vorgespannte Pferd nicht allzu sehr beansprucht wurde. Das war eine ganz klare und alltägliche Sache, wenn mir dabei nicht etwas passiert wäre:

Ich glaube der Pass hieß Reisapass, als wieder einmal der Befehl von Mund zu Mund ging: „Pistolenträger an die Karretten!" Ich tat nicht nur so, als ob ich mich bemühte, sondern schob wirklich nach Leibeskräften.

Dabei wurde mir warm, denn ich hatte ja meine Ostjacke – übrigens als einziger vom ganzen Bataillon. Ich zog also die Jacke aus und legte sie auf den Karren. In jeder der beiden Seitentaschen hatte ich eine Eierhandgranate. Eine Eierhandgranate bei sich zu haben war vorgeschrieben, ich hatte zwei. Seit dem 14. Oktober hatte ich ständig Angst, dass mir die Munition ausging.

Die Jacke lag also auf dem Karren, auch noch als wir auf der anderen Seite des Passes unten waren. Als es dann hieß, wir hätten unser heutiges Marschziel erreicht, dachte ich nicht mehr an meine Jacke und half beim Aufbau des Zeltes. Ich wartete nicht auf das Essen, sondern legte mich hin und schlief schon, während andere noch herumstanden und plauderten.

Ich hörte auch die Detonation nicht. Da wurde ich geweckt: „Munz, sofort zum Major!" Ich taumelte hoch und lief zum Major und da erfuhr ich, was es war. Der Pferdewärter hatte meine Jacke achtlos zu Boden geworfen und irgendjemand muss diese dann ins Feuer geworfen haben. Um das Feuer herum standen zwölf Unteroffiziere und Feldwebel, elf davon waren tot und einer schwer verletzt. Die Handgranaten waren natürlich explodiert.

Obwohl ich mich nicht schuldig fühlte und auch der Major keine Böswilligkeit meinerseits feststellen konnte, musste doch jemand bestraft werden. Da der wirklich Schuldige wahrscheinlich unter den Toten war, bekam ich sieben Tage Arrest. Es war das mildeste Urteil, das der Major zu vergeben hatte.

Natürlich musste ich die sieben Tage nicht absitzen, aber ich musste an sieben Tagen jedes Mal, wenn wir ein Marschziel erreicht hatten, sofort eine Latrine bauen. Also etwas abseits einen geeigneten Platz suchen, eine Grube ausheben, einen Donnerbalken über zwei Astgabeln und das Ganze mit Reisig gegen Sicht von hinten tarnen. Dabei lernte ich das Fluchen und die Gesamtheit der Unteroffiziere waren für mich ganz gewöhnliche Trottel.

Aber auch diese Tage gingen vorbei und es störte mich nur noch, dass ich keine Jacke hatte. Es fiel derart viel Schnee, dass es schon gar nicht mehr schön war. Wir kamen nach Skibotn und bauten unsere Zelte auf, als von Zelt zu Zelt der Ruf „Munz zum Major!" weitergegeben wurde. Ich machte schnell meine Knöpfe zu und lief zu ihm. Er sah mich kurz an und sagte: „Wir bleiben den Winter über da, wir brauchen Bauholz. Schau, dass du was findest!"

Nun, bei uns Gebirgsjägern hat es einen Spruch gegeben, der ungefähr so lautete: „Blöd kannst sein wie du willst, nur helfen musst du dir können."

Danach hab ich mich immer gehalten, aber jetzt war guter Rat teuer. Ich holte also meine Langlaufski, die ich nie abgegeben hatte, und fuhr zum nahen See hinunter. Wenn überhaupt irgendwo Holz zu finden war, dann am Ufer eines Sees. Also umkreiste ich den See und fand tatsächlich auf der anderen Seite ein Sägewerk. Nachdem ich Meldung erstattet hatte, gab der Major Anweisung, mir die verlangten vier LKWs und acht Mann mit zu geben.

Wir fuhren also über den zugefrorenen See hinüber zum Sägewerk und luden das ganze Holz auf. Die LKWs waren übervoll und der Norweger, der da war, verlangte von mir eine Bestätigung, dass die deutsche

Wehrmacht das Holz beschlagnahmte. Die konnte er haben.

Inzwischen hatten sich vier Fahrer besprochen, dass sie so vollbeladen nicht mehr über das Eis fahren wollten. Wir fuhren also um den See und kamen durch die Ortschaft Skibotn. Es war da ein großes Kommen und Gehen. Gepäckstücke lagen zu Hauf an beiden Seiten der Straße und warteten auf ihren Weitertransport. Da stutze ich beim Anblick von ein Paar Schiern. Das waren keine gewöhnlichen Heeresski, sondern die damals legendären aus mehreren Hölzern verleimten Schichtenschi.

„Halt an!", rief ich dem Fahrer zu, stieg aus, warf die Schi samt Stöcken aufs Auto und weiter ging's. In unserem Lager warf ich die Schi – auf denen ein Zettel mit dem Namen eines Hauptmannes war – so zehn bis zwölf Meter in den unberührten Schnee hinaus.

Einen Tag später.

Plötzlich war Alarm. „Alles antreten!", so wie jeder gerade war. Feldgendarmerie war da und durchsuchten alle Zelte und Unterkünfte. „Was suchen die Kettenhunde?", raunten meine Kameraden. Ich hatte – wie alle anderen – nicht die leiseste Ahnung, hütete mich aber, auch nur einen Blick in die Richtung der geklauten Schier zu tun.

Die Durchsuchung dauerte nicht lange. Was sie suchten, haben wir nie erfahren, es wurde jedenfalls nicht gefunden. Die schönen Schi lagen noch immer da draußen im jungfräulichen Schnee.

Wieder einige Tage später.

Ich hörte schon weitem den Ruf: „Munz zum Major!", der von Zelt zu Zelt ging. Mein erster Gedanke war, der hat mich durchschaut und er weiß alles. Langsam machte ich mich auf den Weg. Was sollte ich tun? Ein Geständnis wird wohl das Beste sein! Ich verfluchte meine Dummheit, solche Schi zu klauen. Dabei hatte ich erst sieben Tage abgearbeitet. Es würde wahrscheinlich diesmal keine Gnade geben. Auf jeden Fall ein offenes Geständnis – kein Herumlügen!

Damit war ich bei ihm. Er saß auf einer Kiste und schrieb, während ich meine Meldung herunterschnarrte: „Obergefreiter Munz meldet sich wie befohlen". Er sah nicht auf und ließ mich stehen. Kein gutes Zeichen, dachte ich und wartete bis er das Wort an mich richtete.

Dann war's soweit, er stand auf und sah auf mich herunter. Unser Major war ein großer Mann. Das Warten, bis er etwas sagte, dauerte für mich wie eine Ewigkeit. Er sah mich nur an. Gerade wollte ich das Schweigen brechen und unaufgefordert meine Schuld bekennen, da sagte er zu mir: „Du bisch jo Schilehrer?!" Auf mein „Jawoll, Herr Major!" sagte er mir, dass da hinten am Lyngenfjord irgendwo eine Küstenartillerie Einheit einen solchen suche. „In einer halben Stunde fährt der Kutter weg, mach uns keine Schande!"

Damit war ich entlassen.

Meine Freude konnte ich gar nicht so richtig auskosten, es ging alles viel zu schnell. Zuerst das mit meinem Stimmungsbarometer. Von einer Minute zur anderen schnellte es von „Zu Tode betrübt" zu „Himmelhoch jauchzend". Dann hatte ich nur ein paar Minuten Zeit zum Packen und meine neuen Schier mussten natürlich auch mit.

Erst auf dem kleinen Fischkutter überkam mich ein stilles Gefühl des Glücks – der bittere Becher war wieder einmal an mir vorübergegangen. Den leisen Selbstvorwurf wegen dem Diebstahl entkräftete ich mit dem Argument, dass diese Schier auch dem Hauptmann nicht gehörten. Wahrscheinlich hat er sich auf Grund seines Ranges die besten Schier aus einer Lieferung aussuchen können. Damit hatte ich mein inneres Gleichgewicht wieder.

Die nächsten viereinhalb Monate verlebte ich wie Gott in Frankreich. Meine Wäsche wurde gewaschen, hier waren Norwegerinnen beschäftigt. Es war genug zu essen da und ich brauchte nicht auf Wache zu gehen. Jeden Tag nur Schifahren!

Allerdings hatte ich nicht nur wohlmeinende Freunde hier. Es waren ja die meisten Norddeutsche, also vom Flachland und die wollten gar nicht Schifahren. Aber aufgebracht hat viele gegen mich die Tatsache, dass ich hier den Frühsport einführte.

Ich dachte mir gar nichts dabei, als ich dem hiesigen Major den Ablauf erklärte und als erstes zehn Minuten Frühsport anführte. Er fand das gut und seine ganze Truppe musste jeden Tag als erstes einmal turnen. Dafür gaben mir die Meisten die Schuld, aber deshalb hab ich keine grauen Haare bekommen.

Genauso abrupt wie ich herkam, musste ich auch wieder weg. Ein Funkspruch meiner Einheit ließ mich in fliegender Eile meine Sachen packen. Die schönen Schichtenschier ließ ich stehen und nahm nur meine alten Langlaufbretter mit. Nach fünf Stunden war ich wieder bei meiner Einheit.

Der Krieg war aus!

Wir haben diesen Krieg verloren. Unser Eid, den wir geschworen hatten, war auf Name und Person Hitlers abgestimmt. Der war jetzt tot. Der Eid war also aufgehoben.

Am achten Mai 1945 kam ich zu meiner Einheit zurück und am neunten waren wir angetreten und gaben per Handschlag unserem Major das Ehrenwort, dass wir weiterhin ihm gehorsam folgen würden und dass wir unsere Waffen nicht den Russen übergeben würden. Aber so weit kam es nicht, die Russen haben meines Wissens nicht versucht, uns noch einmal anzugreifen.

So faulenzte ich zwei Monate lang – in der um diese Zeit schon warmen – Sonne herum. Zweimal mussten wir noch ausrücken. Das eine Mal, als die Bewachungsmannschaft eines Kriegsgefangenenlagers einfach ihre Gewehre wegstellte und nach Hause gehen wollte und 20.000 Russen entkommen ließen. Diese machten dann die Gegend unsicher und wir mussten sie wieder einfangen.

Das zweite Mal brach auf den Höhen um die Ortschaft ein Waldbrand aus. Unaufgefordert fällten wir Bäume, gruben Schneisen und brachten den Brand zum Erlöschen. Das waren die einzigen körperlichen Tätigkeiten.

An geistigen Lernstoffen wurde von verschiedenen Offizieren manches angeboten, aber außer den Vorträgen des Bataillonsarztes interessierte mich nichts. Innerlich machte ich mich mit dem Gedanken vertraut, dass ich wahrscheinlich alles, was ich bisher zerstört hatte, wiederaufbauen werden müsste. Ich musste also Kräfte sammeln.

Den Unteroffizieren und jungen Leutnants verweigerte ich den militärischen Gruß, auch meinem rothaarigen Zugsführer. Aber der ging mir sowieso aus dem Wege, besonders seit ein ganz junger Leutnant erschlagen in seinem Zelt aufgefunden wurde. Dieser blutjunge Leutnant war erst gekommen, während ich als Schilehrer weg war und brachte frische preußische Manieren mit. Irgendjemand hatte ihm, während er schlief, mit dem Hammer den Schädel eingeschlagen.

Eines Tages waren die Engländer und die Norweger da. Wir mussten noch einmal unsere Waffen reinigen und ölen, um sie dann den Engländern zu übergeben. Jetzt, in der ersten Juliwoche, wurden wir also entwaffnet.

Das, wovor ich am meisten Angst hatte, traf nicht ein. Es wurde nicht untersucht, wer da hinten die Straßen und Brücken gesprengt hatte und auch sonst alles was den Russen hätte nützlich sein können, vernichtete.

Anfang August wurden wir alle eingeschifft und fuhren nach Bremerhaven, ab da übernahmen die Amerikaner unseren Weitertranssport nach Salzburg. Die meiste Zeit war ich jetzt mit einem jüngeren Kameraden beisammen, den ich von zu Hause her kannte. In unserer Jugend waren wir nicht sehr befreundet, aber jetzt teilten wir nicht nur das gleiche Los, sondern auch unsere Rationen – sein Vater war Fleischermeister.

Als mir einmal der Magen knurrte, gab er mir eine Dose Rindfleisch und dieser hab ich es zu verdanken, dass ich von Bremen bis Nürnberg auf dem Puffer des Viehwaggons saß, weil mein Durchfall absolut nicht aufhören wollte. Schlimmer ging es einem anderen Kameraden. Als der Zug auf offener Strecke hielt, nützten natürlich alle die Gelegenheit. So auch dieser, er ging hinter ein Gebüsch, um seine Notdurft zu verrichten. Das wiederum benutzen amerikanische Soldaten, um ein Zielschießen auf sein Hinterteil zu veranstalten. Er wurde schwer verletzt und mir ist nicht bekannt, ob diese verbrecherischen Amis dafür bestraft wurden.

Während uns in Deutschland die Leute neben der Bahn zuwinkten und wenn wir hielten auch manchmal etwas zu essen brachten, war das in Salzburg ganz anders. Aber der Reihe nach:

Wir kamen am Abend nach Salzburg und es hieß, wir müssten die Nacht am Bahnhof verbringen. Das war für uns nicht so schlimm, denn wir hätten auch stehend schlafen können. Da fiel mir ein junges Mädchen auf, die keinen Platz auf den Bänken finden konnte. Wir rückten also ein bisschen zusammen, sodass sich das Mädchen neben mich setzen konnte. Sie war erst sechzehn Jahre alt, weit oben in Niedersachsen zu Hause und kam von Kärnten, wo sie ihren Landdienst abdiente.

Jetzt war sie also auf dem Heimweg und wartete auf den Zug. Ich glaube, sie saß noch keine fünf Minuten neben mir, da schlief sie auch schon. Ihren Kopf hatte sie auf meine Schulter gelegt und ich meinen Arm um sie. Obwohl es schon wieder mehr als ein Jahr her war, dass ich ein Mädchen im Arm hielt, brachte ich es nicht fertig, ihr Vertrauen zu missbrauchen. So kam es, dass ich in dieser Nacht kaum schlief. Während sie selig schlummerte, getraute ich mich nicht zu rühren, um sie ja nicht zu wecken. Am Morgen war ich wie gerädert und am Vormittag musste ich mich von der Kleinen verabschieden. Wir kamen in ein großes Gefangenenlager im Stadtteil Maxglan.

Dieser Marsch durch die Stadt Salzburg wird mir genauso in Erinnerung bleibe, wie der Abschied hier vor 3 Jahren. Was hat sich hier alles geändert! Waren das noch die Menschen, die uns begeistert zugewunken hatten?

Jetzt standen die Leute am Gehsteig und beschimpften uns. Kriegsverbrecher, Kriegsverlängerer und Frontschweine waren die üblichen Namen, die man uns zurief. Frauen und Mädchen, die auf Jeeps mit Negern an uns vorbeifuhren, spuckten auf uns herab, während wir unter militärischer Bewachung dahintrotteten.

Dann waren wir endlich im Lager. Hier schämte ich mich für einige meiner Kameraden. Die amerikanischen Posten machten sich einen Sport daraus, ihnen auf die Finger zu steigen, wenn sie sich nach den Zigarettenstummeln bückten, die die Amis auf den Boden warfen.

Der Aufenthalt hier war aber nur einige Tage, dann wurden wir Steirer mittels LKW nach Hafendorf in die Steiermark geliefert. Hier waren wieder die Engländer als Besatzungsmacht. Ehe wir unsere Entlassungspapiere bekamen, nahmen uns österreichische Polizeibeamte noch alles weg, was man uns bisher gelassen hatte. So musste ich mich von meinem dicken Nordwester hier der Heimat trennen. Ich hatte ihn auf einem Lappenmarkt in Rovaniemi in Finnland gekauft.

Am 25. August 1945 war ich daheim bei meinen Eltern und die Wiedersehensfreude wurde nur durch die Ungewissheit über das Schicksal meiner Brüder getrübt. Vom Jüngeren war eine Vermisstenanzeige hier und für uns stand von Anfang an fest, dass Fritz den Rückzug südöstlich von Belgrad nicht überlebt hatte. Von Rudl wussten wir nichts.

Bevor die Engländer hier eintrafen, waren schon die Russen hier, das war die große Zeit der Kommunisten. Im Schutz der russischen Besatzungsmacht durften sie sogar plündern. Auch der im Haus wohnende Gendarm tat sich hervor. Mit roter Armbinde – auf der Sichel und Hammer aufgenäht waren – demonstrierte er den überzeugten Kommunisten und führte auch russische Soldaten in unsere Wohnung mit der Bemerkung, dass wir Kapitalisten und Faschisten seien.

Da meine Eltern die SS-Uniform meines Bruders vergraben hatten, fanden die Russen nur unsere Zivilkleidung und nahmen sie mit.

Ich hatte also nur das, was ich am Leib hatte. Inzwischen waren die Russen wieder weg und der Herr Inspektor war wieder ein treuer Vaterländer. Er war schon immer Mitglied der österreichischen Volkspartei, kurz ÖVP – es ist die Nachfolgepartei der ehemaligen Christlichsozialen, die im Jahr 1934 das Parlament auflöste. Stolz bekannte er sich zu dieser Partei und schwamm somit wieder obenauf.

Für mich war die Frage nach Arbeit akut, denn ohne Arbeit keine Essensmarken! Ich brauchte einen Arbeitsnachweis. Da meine Mutter erst meine Gebirgsjägeruniform waschen wollte, musste die SS-Uniform ausgegraben werden. Die Hose und die weichen Offiziersstiefel passten, dazu ein Rock vom Vater, so ging ich mich in die Brauerei vorstellen. Am Arbeitsamt wurde mir gesagt, man suche dort gelernte Fassbinder.

Die Herren dort sahen sich meine Papiere gar nicht an, sie sahen nur die Stiefel und Hose und sagten, dass kein Fassbinder gebraucht werde. So ging's noch bei einigen anderen Stellen, dann kam Post mit der schriftlichen Aufforderung, dass ich mich beim Kalkwerk zur Arbeit zu stellen hätte.

Also fing ich Anfang September auf der vierten Etage am Steinbruch zu arbeiten an. Meine Arbeitskollegen waren durchwegs gewesene Nazigrößen, einen kannte ich sehr gut, denn er war einmal mein Lehrer gewesen.

Diese ehemalige Cremé einer Herrenschicht tat sich mit der körperlichen Arbeit schwer. Sie schafften das tägliche Soll nicht immer. Mir ging diese Arbeit gut von der Hand und die zwölf Hundt voll Kalkgestein, die wir zum Brecher bringen mussten, waren für mich eine Leistung von 5 Stunden. Während alle um sechs Uhr früh mit der Arbeit begannen und bis vierzehn Uhr brauchten, um ihr Pensum zu schaffen, arbeitete ich von sieben bis zwölf Uhr.

Die Nazibonzen interessierten mich nicht und sie bezogen mich auch nicht in ihre Gespräche mit ein. So war ich ganz zufrieden, zumal wir hier um nur einige Kartoffelmarken ein komplettes Mittagessen mit nicht wenig Wildbret erhielten.

Der Großunternehmer Mayr-Melnhof ließ auch nach dem Krieg seine ehemaligen Gönner nicht hungern. Ich war Nutznießer dieser Großzügigkeit, denn damals hatten nicht viele die Möglichkeit, sich zu Mittag mit Hirsch- oder Rehbraten satt essen zu können.

Dieser Zustand dauerte ein volles Jahr. Während dieser Zeit lernte ich eine Kriegerwitwe kennen, sie war um zwei Jahre älter als ich und hatte einen Sohn. Wahrscheinlich hätte ich sie gemäß meinen Vorsätzen, die ich mir oben in Finnland gemacht hatte, auch geheiratet. Aber das klappte nicht, wie man später noch lesen wird.

Auch die österreichische Schilehrerprüfung absolvierte ich in diesem Winter. Insgeheim glaubte ich, dass das Schifahren mein Lebenszweck und auch Lebensunterhalt sein könnte. Auch das blieben nur Wünsche.

Es war Anfang Oktober 1946, als ein Mann zu mir kam und alle unsere Daten, Dienstrang und Tätigkeiten während des Krieges notierte. Als ich ihm sagte, dass ich Obergefreiter war, meinte er, ich brauche nicht zu lügen, mir wird schon nicht so viel passieren. Weil ich bei meiner Aussage blieb, er aber stur einen SS-Offizier aus mir machen wollte, kamen wir zum Streiten und in mir kroch die Wut hoch.

Es hätte nicht viel gefehlt und ich hätte den Schreiberling verprügelt, aber da mischten sich andere ein und fragten, wen er eigentlich suche. „Den Rudolf Munz" schrie er mit schriller Stimme. „Aber ich bin Alois Munz", sagte ich, jetzt schon wieder ruhig. Ich hatte mich schon wieder in der Gewalt.

Als er mich dann fragte, warum ich denn eigentlich hier sei, wusste ich, dass ich ein Jahr in einem Steinbruch als Strafarbeit geleistet hatte. Man hatte mich nie verurteilt. War das die vielgelobte Demokratie? Nicht einmal nach meinem Namen hatten sie gefragt. Sie brauchten jemanden zum Steine-Klopfen.

Ich wurde schon wieder wütend, diesmal aber auf die ganze Gesellschaft. Obwohl nicht überzeugt, trat ich nach langem Zureden meiner Eltern der sozialistischen Partei bei. Ungehindert konnte ich den Steinbruch verlassen und begann einen Tag später im Hüttenwerk zu arbeiten.

Jetzt war ich wohl Mitglied einer Partei, aber das änderte an meinem Leben nichts. Die Nächte verbrachte ich bei meiner Witwe. Sie war am städtischen Theater als Statistin und manchmal auch mit kleineren Rollen beschäftigt. Allerdings dürfte ihr das zu wenig gewesen sein, denn sie spielte auch mit mir zu Hause weiter Theater.

So kam ich erst nach zwei Jahren dahinter, dass sie auch mit anderen Männern ihre erotisch-sexuellen Feste feierte. Meine Enttäuschung war groß, mein Mannesstolz war angekratzt, ich hätte sie erwürgen können. Die Ohrfeige, die ich ihr gab, und das Wort „Hure" hätte ich mir aber sparen können und ich hab's auch einige Male bereut. Nicht wegen ihr und weil ich die Türe zwischen uns endgültig zuschlug, nein – wegen mir! Ich hab mich wieder nicht beherrschen können. Aber das passierte jetzt in den folgenden Jahren immer öfters, ich konnte mich in das geordnete Leben hier nicht hineinfinden.

In miesen billigen Spelunken soff ich mehr als ich vertragen konnte, dabei war ich beim Schnaps ziemlich geeicht. Wenn mich jemand schief ansah, schlug ich ihm auf die Nase.

Ich entwickelte mich zu einem Raufer, oder war ich es schon? Immer öfter hörte man auch den Satz, dass die besten Männer draußen am Feld geblieben seien, nur die Miesen seien wieder heimgekehrt. Auch meine Mutter hat zu irgendjemanden so etwas geäußert. Als ich wieder einmal beim Mittagessen saß und auf dem Weg vom Teller zum Mund kein Tropfen Suppe am Löffel blieb, hörte ich sie plötzlich beim Herd schluchzen. Auf mein „Was hast du denn?" sprudelte es aus ihr heraus: „Siegst du net Luis, dasst di jetzt söwa umbringst? Du host in Krieg guat überlebt und jetzt vasaufst di. Vo meine drei Buam bist nur du hamkumman und jetzt muas i zuaschaun wiest du di söwa umbringst!"

Der Hunger war mir vergangen und jetzt sagte ich ihr, was mir schon einige Wochen auf der Leber lag: Es wäre ja egal, wenn ich kaputt sei, ich sei nur der mieseste der drei Munz-Buben.

Nun, das hat gesessen. Betroffen sah sie mich an. An diesem Tag wurde nicht mehr darüber geredet. Ich ging wie alle Tage in die Stadt. Auch mich hatte die Mutter mit ihren Worten getroffen. Sie gingen mir nicht aus dem Sinn.

In einem Kino auf dem Klosett schaute ich in den Spiegel. War ich schon dem Alkohol verfallen? War ich schon Sklave vom Suff? Ich schaute mir genau in die Augen – war ich Alkoholiker? Ja oder Nein? Wenn ja, kann ich mir die Kugel geben. Wenn nein, dann beweis es!

Nun, ich hab mir nicht das Leben genommen und ich wurde auch kein Alkoholiker, wenn ich auch schon manchmal einen über den Durst trinke. Mir hat natürlich schon manchmal ein hübsches, braves Mädchen dabei geholfen, nicht in ein Gasthaus, sondern in die freie Natur zu gehen.

Und meine Eltern habe ich leise im Verdacht, meine noch immer wache Lust auszuwandern, und sei es nur in die Fremdenlegion oder zu irgendeiner Söldnertruppe, mit dem Kauf eines Grundstückes durchkreuzt zu haben. Ein Einfamilienhaus wollten sie bauen.

Wir schrieben das Jahr 1950. Um diese Zeit etwa zimmerte ich mir eine Philosophie zurecht, die meinem Lebenswandel entsprach. Nach dieser Lebensauffassung musste man sich die gesamte Damenwelt als riesigen Kleidermarkt vorstellen. Neue Hosen in alles Farben und Größen, oder schon etwas abgetragen, aber gut erhalten und auch total verschlissen. Alles war da, man musste nur zugreifen! Die Männer gehen auch alle, oder zumindest fast alle, zu diesem Markt und suchen da herum.

Jetzt kann es vorkommen, dass ein junger Mann schon bei seinem ersten Besuch und beim ersten Mal Probieren das Richtige erwischt. Er geht hocherfreut nach Hause und hat auch noch als alter Mann seine Freude an dem guten Stück. Es kann aber auch anders sein. Der Mann sucht und probiert, krempelt dabei den ganzen Markt um und findet nicht das Passende. Manches würde ihm der Farbe nach gut stehen, aber da stimmt die Größe nicht, oder umgekehrt. Manches ist auch dabei, da wäre alles in Ordnung und wie er so ein paar Mal probiert und goutiert, kommt er drauf, dass dieses seltene Stück schon jemandem gehört.

Denn der Eigentümer steht hinter ihm, also muss er weitersuchen.

Ich hatte mich schon damit abgefunden, dass ich ein ewig Suchender bin und hatte auch eine gewisse Lust, jeden Tag etwas Neues auszuprobieren.

Die Vorarbeiten für den Hausbau wurden von der Mutter kräftig vorangetrieben, sie war der Motor des ganzen Unternehmens. In diesem Jahr wurden wir noch mit dem Kellergeschoß fertig. Aber jetzt hatten wir kein Geld mehr. Die Stadtgemeinde vergab zinsengünstige Kredite an Häuslbauer, also ging ich zum Bürgermeister und trug ihm unsere Bitte vor. Als ich meinen Namen nannte, schaute er mich an und fragte: „Der Sohn vom Michael?" Auf mein „ja" erzählte er mir, dass er meinen Vater schon lange kannte – Sozialdemokratische Partei – Schutzbund – das Jahr 1934 und so weiter, dann kamen wir auf mein Anliegen zu sprechen.

Unser Baugrund war leider etwas außerhalb der Stadtgrenzen und er sah sich außerstande ... und ich möge doch zum Nationalrat unserer Partei gehen, der sollte bei der Landesregierung für uns vorsprechen. Der damalige Nationalrat hatte im Rathaus im Parterre ein kleines Büro, zu ihm ging ich jetzt und stellte mein Ansuchen.

Kaum hatte ich ausgesprochen, begann er mit mir zu schreien: „Wir Sozialisten sind für den sozialen Wohnungsbau und nicht für die Eigentumsbildung, das kommt überhaupt nicht in Frage!" usw. Ich war schneller wieder draußen, als ich dachte. Der Herr Nationalrat hat mich hinausgeworfen!

An dieser Stelle muss ich anmerken, dass ich von der Politik im Allgemeinen, von National-, Bundes- und Landesrat keine blasse Ahnung hatte und es interessierte mich auch nicht. Mich hat einer, an den ich mich um Hilfe wandte, aus seinem Büro gewiesen! Mein Zustand lässt sich schwer beschreiben, am besten noch so: Ich kochte vor Wut. Meine Gemütsverfassung hatte sich bis Sonntag nicht gebessert, ich war mit einem blonden Mädchen verabredet. Wir wollten mit dem Fahrrad in ein nahes Schwimmbad fahren. Natürlich konnte ich es vor ihr nicht geheim halten, dass meine Stimmung unter dem Gefrierpunkt war. Sie versuchte wirklich alles, um meine Laune zu bessern, aber es war vergeblich. Da kam sie mit dem Vorschlag, zu einem Gartenfest in die nächste Ortschaft zu fahren.

Da ich nichts dagegen hatte, weil mir alles wurscht war, fuhren wir hin. Trotz fröhlicher Musik kam ich aus dem Brüten nicht heraus und es war mir durchaus recht, dass ein Mann kam und meine Maria zum Tanz holte. Er brachte sie dann wieder, bedankte sich artig und ging wieder weg. Sie aber sah mich glücklich an und fragte, wie mir der Mann gefallen hätte.

Wenn ich nicht so in mein eigenes Problem verstrickt gewesen wäre, hätte ich spätestens jetzt etwas merken müssen. Aber nein, ich war wie ein wilder Stier und sagte ihr, dass mir der Mann überhaupt nicht gefiel, ja, dass er mir in der Seele zuwider sei. „Schade, das ist nämlich mein Vati", sagte sie mir. Er kam dann noch einmal zu uns und setzte sich neben seine Tochter und sie erzählte ihm mein Missgeschick. Darauf machte er sich ein paar Notizen, sagte zum Abschied zu mir: „Sie hören von mir", dann ging er.

Mein Gesicht wird nicht sehr geistreich gewesen sein, denn Maria lachte und sagte nicht ohne Stolz: „Mein Vati ist nämlich Nationalrat."

Nach zwei Wochen erhielt ich eine Vorladung zur Landesregierung und erhielt ein Darlehen, welches es uns ermöglichte weiter zu bauen.

Ein Abgeordneter von einer anderen Partei hat uns zum gewünschten Darlehen verholfen. Mein Zorn auf die SPÖ hielt an. Überall wo ich konnte, reagierte ich diesen Zorn ab. Da kam einmal diese Frau, die den Parteibeitrag kassierte und ich sah schon rot. So wie mich unser Volksvertreter – oder vielleicht noch ein bisschen brutaler – warf ich die völlig verdutzte, aber unschuldige Frau zur Wohnung hinaus. Meine Eltern waren beschämt und erschrocken, sie haben vielleicht das erste Mal gesehen, wenn bei mir eine Sicherung ausfällt.

Mein Austritt aus der Partei war natürlich kein Geheimnis und es kam zuerst der sozialistische Betriebsrat im Hüttenwerk, um mich wieder umzustimmen. Wie soll ich's sagen, meine Wut und Verachtung waren noch nicht verraucht. Der geneigte Leser wird mir verzeihen, wenn ich nicht alles erzähle, was ich ihm an Argumenten an den Kopf warf und mit welchen Schimpfnamen ich ihn bedachte bis er ging.

Dann kam der kommunistische Betriebsrat, er glaubte, meine Unzufriedenheit nützen zu können. Ohne dass ich es wirklich wusste, sagte ich ihm auf den Kopf zu, dass ich ihn für ein Schwein halte, da er vor 1938 auch illegaler Nazi gewesen sei.

Er war zu sprachlos, um es abzustreiten und ich hatte vor ihm meine Ruhe bis er Obermeister wurde. Er hatte später wieder die Partei gewechselt.

Zuhause ging auch nicht alles glatt. Die Eltern stritten sehr oft, aber sie waren sich in einem einig: Sie wollten die Ziegel für das Haus aus Schlackenbeton selbst herstellen. Aus mehreren Gründen war ich dagegen, aber es half kein Reden. Die Steine wurden auf der Kellerdecke betoniert, die Maße waren 60 x 30 x 30 cm. Sie hatten wohl ihren Kopf durchgesetzt, aber die Steine waren so schwer, dass meine Eltern sie nicht bewegen konnten.

Auch Maria ließ nichts mehr von sich hören. Aber da bin ich wohl selbst schuld gewesen. Das „Techtelmechtel" mit einer verheirateten Frau hätte ich mir sparen können. Ich war so verknallt, dass mir das Hirn stand. Ihr dürfte es ungefähr gleich ergangen sein, denn wir ließen alle Vorsicht außer Acht und wurden prompt von ihrem Mann überrascht. Er und ich waren zwar keine Freunde, aber wir hatten den gleichen Bekanntenkreis und ich war in ganz kurzer Zeit nach dem peinlichen Zwischenfall ruhmlos bekannt.

Ich war wieder einmal mit meinem Latein am Ende, ich war total am Boden. Der Sommer 1952 verging mit

Schlackensteine aufeinander heben. Mit der jetzt geschiedenen Frau, sie hieß Friedl, verband mich noch immer eine Leidenschaft, obwohl ich schon wusste, dass nicht nur ich einen guten Scheidungsgrund abgeben hätte.

Meine Eltern waren mit meiner Leistung am Bau nicht zufrieden und ich wäre am liebsten ausgewandert. Besonders jetzt, wo einer meiner Freunde zur Fremdenlegion gegangen war. Es blieb ihm wohl nichts Anderes übrig. Albert, so hieß er, war verheiratet, hatte zwei Kinder und hatte ein 14-jähriges Mädchen geschwängert. Da wollte deren Vater Albert auf der Straße zur Rechenschaft ziehen, aber der kannte meinen Freund nicht! Der Vater des Mädchens wurde an Ort und Stelle krankenhausreif geschlagen und während die Polizei überall nach Albert suchte, saß dieser fast weinerlich bei mir und wartete die Dunkelheit ab. Dann verschwand er, ohne jemals wiederzukommen.

Mein damaliges Leben war für mich nicht zufriedenstellend, nicht nur privat schien mein Dasein keinen Sinn zu haben, sondern auch am Arbeitsplatz häuften sich die Streitereien. Der KP-Betriebsrat legte sein Mandat zurück und wurde mein Vorgesetzter – der „schöne Wille" – wie wir ihn nannten – hatte wieder einmal seine Farbe gewechselt. Statt ihm kam ein anderer Kommunist und bracht auch eine andere Taktik mit.

Immer mehr wurde mein Arbeitsplatz zum Mittelpunkt seiner politischen Agitation und immer mehr polarisierten sich die Diskussionen auf ihn und auf mich. Dabei war ich immer der Unterlegene, denn er war nicht nur Mitläufer, sondern ein geschulter Kommunist. Ich hatte auch hier kein Erfolgserlebnis zu verzeichnen.

Beim Hausbau kamen wir in diesem Jahr 1953 einiges voran. Die Zeit des Steine-Betonierens war vorbei, wir bauten auf. Die selbstgefertigten Ziegel waren zwar schwer, aber sie waren auch groß. Es ging schnell mit dem Aufbau und schon im Sommer hatten wir das Dach fertig und begannen auch sofort mit dem Innverputz. Ich war beinahe schon ein perfekter Maurer.

Daneben gab's noch immer Damenbekanntschaften am laufenden Band, ohne dass mit der nun geschiedenen Friedl Schluss gewesen wäre. Bei dieser oder jener ging die Bekanntschaft schon sehr tief, denn sie wollten unbedingt, dass ich Karriere mache. Sie fütterten mich förmlich mit Büchern und vergewisserten sich auch, dass ich sie wirklich las.

Aber ich hatte keinen Ehrgeiz, Kellermeister in einer größeren Schnapsbrennerei oder ein Angestellter im Eisenwerk mit Hilfe der Tochter oder Schwester des jeweiligen Chefs zu werden.

Der Winter bescherte mir wieder einen Fußbruch, es war innerhalb von sieben Jahren schon der fünfte Bruch eines Unterschenkels oder Knöchels. Im folgenden Jahr bezogen wir unser Haus, es war beileibe noch nicht fertig, aber wir konnten im Erdgeschoß wohnen. Der Zimmermann hatte uns mit den Fenstern und Türen betrogen. Wir hatten etwas Anderes bestellt und die Mutter und ich wollten es auch zurückweisen, aber der Vater war nur zu Hause bei der Mutter zum Streiten bereit. Hier, wo es um Werte ging, gab er sofort nach. So haben wir von Anfang an verzogene Türen und Fenster eingebaut.

In diesem Jahr gewöhnte ich mir das erste Mal das Zigarettenrauchen ab. Und das kam so:

Ich musste mit dem Karren zur nahen Forstverwaltung, um Bohnenstangen zu holen. Auf dem Weg dorthin war der kleine Tabakladen und ich bemerkte, dass ich meine Zigaretten samt Zündhölzer daheim vergessen hatte. Nun, ich dachte das sei kein Problem, ich zahle eben später. Es wurden ja sämtliche Rauchwaren bei ihm gekauft. Aber der Trafikant sagte mir, dass ich ohne Barzahlung nichts bekommen könnte: „Auf Pump gebe ich nichts."

Ich sah ihn fassungslos an und spürte zugleich, wie mir das Blut zu Kopf stieg. Ich schämte mich und zugleich hätte ich ihn erwürgen können. Ohne ein Wort zu sagen fuhr ich mit meinem Karren weiter.

Die Wut und die Scham brannten noch in mir, ich zitterte noch vor Zorn, als ich diesen Vorgang daheim erzählte und ich rauchte drei Jahre keine einzige Zigarette. Nach einem halben Jahr wollte sich der Händler bei mir entschuldigen, er konnte es seinem Alter und seiner Kriegsverletzung aus dem ersten Weltkrieg verdanken, dass ich ihn nicht auf offener Straße zusammenschlug.

In den nächsten drei Jahren, ich jetzt wieder Nichtraucher, geschah für mich nicht sehr viel. Das erste war das Ende der Liaison zwischen der geschiedenen Frau und mir. Soll ich's erzählen wie das kam? Ja?

Bei einer unserer häufigen Bergwanderungen fragte sie mich, wann wir heiraten würden. Nun musst du, verehrter Leser wissen, dass wir uns versprochen hatten, uns nie zu belügen, auch wenn die Wahrheit noch hart wäre. Ich hab mich auch immer daran gehalten, so auch jetzt:

„Wir beide werden nie voneinander loskommen, aber heiraten werden wir nicht". Sie sah mir in die Augen, sagte aber nichts. Dann meinte ich noch, wenn einer käme, der sie heiratet, möchte ich das als erster wissen.

Ich hatte keine Ahnung, dass sie schon nach zwei Tagen mit der Nachricht da sein würde: „In vier Wochen werde ich heiraten und mein zukünftiger Mann wünscht keine Verbindung zwischen uns." Die Trennung war nicht so schwer, wie ich glaubte.

Während ich noch immer vor dem imaginären Kleidermarkt stand und suchte, drängten meine Eltern, doch endlich zu heiraten und für Nachwuchs zu sorgen. Die nächste Frau siedelte zu mir heim und wurde von meinen Eltern auch gut aufgenommen. Aber der Friede währte nicht lange und als sie endlich wieder auszog, nahm sie alle meine Bücher mit. Ich hätte Anzeige erstatten müssen und auch da wäre ich nicht sicher gewesen, dass ich alles wiederbekommen hätte.

Inzwischen war ich etwas ruhiger geworden. Die Hektik, mit der ich am Anfang den Markt durchwühlte, war vorbei und ich probierte nicht mehr alles, was mir zwischen die Finger kam. Ich hatte meine zukünftige Frau kennen gelernt!

Am Arbeitsplatz, im Betrieb, wurde der KP-Betriebsrat immer einflussreicher und obwohl ich als Wortführer seiner Gegner in den Diskussionen sehr schlagfertig war, hatte er am Ende immer die Lacher auf seiner Seite. Er war mir eindeutig überlegen und das trug nicht gerade zu meiner Aufheiterung bei.

Zu Hause wurde fleißig gearbeitet. Es war das Jahr 1957, der Außenputz wurde aufgebracht, als die Mutter plötzlich krank wurde und ins Spital musste. Die Ärzte stellen Darmverschluss fest und eine Operation war unvermeidlich. Ein Arzt sagte mir, dass die Operation sechs Stunden gedauert hatte, weil das Herz meiner Mutter zu schlagen aufgehört hatte. Man hat es mit Wiederbelebung gerade noch so geschafft.

Die Mutter war auf dem Weg der Besserung, sie machte schon wieder Pläne, wie es mit dem Haus weitergehen sollte. Nicht ganz zwei Wochen nach ihrer Operation sollte sie wieder heimkommen.

Zwei Tage vorher hatte ich ein ernstes Gespräch mit ihr, in dessen Verlauf sie folgendes zu mir sagte: „Merk dir eines Luis, es ist ganz egal, ob man lebt oder nicht!" Auf meine Entgegnung: „Das sagst gerade du? Mit all deinen Plänen meinst du, es sei egal ob man da ist oder nicht?" Und sie noch einmal: "Jo Luis, es ist gleichgültig, ob man lebt oder nicht!"

Die Besuchszeit war vorbei und ich musste gehen. Am nächsten Tag war sie so richtig fröhlich, mit den Worten „Morgen kann i ham gehen" begrüßte sie mich bei der Tür. Im allgemeinen Gespräch erwähnte sie auch ihre Meinung von gestern und gab mir den Rat, wieder zu vergessen, was sie gesagt hatte, da es wahrscheinlich Unsinn war. Die Zeit verging, die Stationsschwester kam, ich hatte meine Anweisung, welche Kleider ich morgen mitbringen sollte – die Mutter wollte mir noch etwas sagen – die Schwester drängte mich zur Tür hinaus. „Bis morgen!"

Als ich am nächsten Vormittag mit den Kleidern und Schuhen ins Krankenhaus kam, war die Mutter tot. Eine Lungenembolie hatte ihrem 56-jährigen Leben ein Ende gesetzt.

Der Tod meiner Mutter hat mich fast aus der Bahn geworfen! Fürs erste hab ich mich total und sinnlos betrunken, dann begann ich wieder zu rauchen, weil mir das Leben sowieso sinnlos erschien. Fürs Begräbnis mussten wir uns Geld ausborgen, da die Bestattung und auch der Pfarrer ohne vorherige Bezahlung nicht einmal einen Finger rührten. Obwohl ich vieles zu erledigen hatte, waren die nächsten paar Tage für mich eine einzige Katastrophe. Aber noch schlimmer wie mir ging's dem Vater. Jede kleinste Grobheit oder geringfügige Bosheit bereute er jetzt tausendfach.

Verbissen verputzte er das Haus fertig und schluchzte stundenlang, bis seine Augen keine Tränen mehr hergaben. Einige Tage nach dem Begräbnis meiner Mutter fuhr er mit meinem älteren Bruder nach Deutschland. Mein älterer Bruder hatte den Krieg gut überstanden, kam nach Kriegsende in amerikanische

Gefangenschaft und nutzte diese, um das Modelltischler-Handwerk zu erlernen. Nach seiner Entlassung baute er sich mit der ihm eigenen Zielstrebigkeit und Energie eine neue Existenz auf. Er gründete eine Aluminium-Gießerei und hatte zu diesem Zeitpunkt etwa 60 Leute beschäftigt. Er hatte es in der Nähe von Stuttgart, der Heimat seiner Frau, wieder zu etwas gebracht.

Natürlich hatte er auch ein großes Auto, was ihn schon rein optisch als erfolgreichen Unternehmer auswies. Dieser Wagen hatte auch Platz für die 14 oder 15 Hühner, welche das Steckenpferd meiner Mutter waren. Das Federvieh war immer Zankapfel zwischen mir und meinen Eltern, besonders aber der Mutter. Während ich gerne einen gepflegten Rasen gehabt hätte, scharrten diese Tiere auch noch das letzte grüne Pflänzchen heraus.

Da ich immer in eine nahe Mühle fahren musste (mit dem Fahrrad), um Hühnerfutter zu kaufen, wusste ich auch, wie teuer unsere Eier waren, denn die Mutter führte ein Wirtschaftsbuch. Einmal bei einer der vielen Diskussionen um Wert oder Unwert der Hühner rechnete ich den Eltern vor, dass wir gleich viel Eier kaufen könnten um das Geld, welches wir jetzt für Futter ausgaben. Die Mutter hörte schweigend zu und dann sagte sie ganz langsam: „Ist gut Luis, du host recht, oba jetzt rechne mir vur, wievü des Schifoan kost und wievü Nutzn dass´d host davon!"

Ich war wieder einmal geschlagen. Sie mochte die Hühner und wäre am liebsten Bäuerin geworden.

Jetzt war die Mutter tot und es war kein Geheimnis, dass bei mir eine Henne nach der anderen in den Suppentopf gewandert wäre. Dagegen protestierten aber Vater und Bruder. Das – von der Mutter so geliebte Vieh – durfte nicht einfach so abgeschlachtet werden.

Rudl bot an, die Hühner mit nach Deutschland zu nehmen, damit sie dort ein friedliches Ableben hätten. Mir war's recht, ich hab Hühnersuppe sowieso nicht sehr gerne.

Bald hatte mich der Alltag wieder und wenn ich am Anfang jeden Tag zum Friedhof ging, dann war es später nur mehr ein, zwei Mal in der Woche. Die Streitereien im Betrieb nahmen zu, die von der Gewerkschaft erzielten Lohn- und Preisabkommen waren den Kommunisten ein Dorn im Auge und sie hetzten die Arbeiterschaft unentwegt zum Kampf. Keiner von uns Arbeitern erkannte, dass es den Kommunisten nur auf den „Kampf" ankam, sie wollten nur den Streik.

Im Vorjahr (1956) war so ein Streik, den Arbeitern hat er nicht viel gebracht, aber dem KP-Betriebsrat wäre es beinahe gelungen, einen vollen Hochofen still zu legen. Man kann sich den Schaden vorstellen, wenn einige hundert Tonnen flüssiges Roheisen im Hochofen erkalten und hart werden.

Ich arbeitete in einer Betriebsabteilung, deren Belegschaft etwa 300 bis 320 Männer umfasste. Es ist nicht zu hochgeschätzt, wenn ich sage, dass zwei Drittel entweder bei der KP waren oder mit ihnen sympathisierten. Rein gefühlsmäßig und auf Grund meiner Erfahrung mit ihnen war ich kein Freund der Kommunisten. Aber auch zu den Sozialisten, die als stärkste Fraktion im Betriebsrat den Obmann stellten, hatte ich ein gestörtes Verhältnis. Nichts wie Streit, ohne dass ich wusste, wo mein eigener Standpunkt war.

Als treue, verständige und verständnisvolle Freundin erwies sich meine Bekannte und wir beschlossen, sobald als möglich zu heiraten. Sie war geschieden (ich war aber da nicht der Scheidungsgrund) und hatte einen Sohn, der bei ihren Eltern aufwuchs. Ihr Name war Maria, sie wurde aber von allen ihren Freunden und Bekannten Mutz genannt und war um vier Jahre jünger als ich, also 31.

Vier Wochen nach dem Begräbnis der Mutter kam der Vater von Deutschland wieder zurück. Er hätte länger bleiben können, aber er hatte Heimweh, er war leidend und es fehlte ihm seit dem Tod seiner Frau der Wille zum Leben. Er überlebte sie um eineinhalb Jahre bis er im Feber 1959, befreit von allen seinen Qualen, die Augen für immer schloss.

Zu dieser Zeit war ich schon verheiratet – wir haben am 25. Jänner 1958 ohne Pfarrer den Bund fürs Leben geschlossen. Und wir waren uns einig, dass wir ein Kind wollten. Ein Mädchen sollte es werden. Aber der Reihe nach:

Nach dem Tod des Vaters kam es zwischen Rudl und mir zu einem heftigen schriftlichen Schlagabtausch wegen der Erbschaft. Während es bei der Mutter eindeutig war, gab's jetzt Unklarheiten. Das kam so:

Schon beim Grundkauf wurde die Hälfte auf mich geschrieben, die andere Hälfte teilten sich zu gleichen Teilen meine Mutter und mein Vater. Also hatte ich 50%, meine Eltern je 25%. Bei Mutters Erbe wurde Rudl mit 12,5% ins Grundbuch eingetragen und ich bekam die restlichen 12,5%. Bei der Verlassenschaftsverhandlung nach dem Vater hätte ich eine Schenkungsurkunde unterschreiben müssen, da der Vater nicht der leibliche Vater meines Bruders war und eine Adoption nie erfolgt war.

Aus heutiger Sicht hätte ich es tun sollen. Damals war ich wütend, da mein Bruder schrieb, der Vater hätte ihm das ganze Haus versprochen. Wir haben nachher, als ich ihm sämtliche Grundbuchauszüge geschickt hatte, vereinbart, über dieses Thema nicht mehr zu sprechen oder zu schreiben. Das taten wir auch und die Spannung zwischen uns wich allmählich.

Das Jahr 1959 war aber auch in anderer Beziehung für mich bedeutungsvoll. Wie so oft kam es wieder einmal zu einem heftigen Streit bei meinem Arbeitsplatz zwischen mir und dem KP-Betriebsrat. Ich konnte es nicht mehr hören, wenn er vom „Arbeiterparadies" erzählte, wo der „kleine Mann" das Sagen hätte. Auf meine Frage, ob das auch in der Roten Armee so ist, sagte er mit der größten Ruhe: „Natürlich, dort werden alle wichtigen Dinge mit den Soldaten besprochen" Da war's mit meiner Ruhe aus, ich nannte ihn einen Lügner.

Nicht nur einmal hab ich gesehen, wie russische Kommissare ihre Soldaten in unser Feuer trieben. Das alles und noch viel mehr sagte ich ihm, ich warf ihm alle Schimpfnamen, die mir einfielen, an den Kopf und er machte nicht einmal den Versuch, mich zu unterbrechen. Er hörte ganz gelassen zu, bis ich fertig war und sagte dann mit überlegener Ruhe: „So, nun hast du mich einige Minuten lang beschimpft, aber in der Sache selbst hast du nicht Recht und das Aufzählen von Schimpfnamen nehm ich dir nicht übel – du kannst es eben nicht anders."

Er hatte die Lacher wieder auf seiner Seite und für mich endete die Diskussion wieder, wie so viele andere, mit einer Niederlage.

Nach der Schicht, beim Duschen in der Mannschaftsdusche sagte einer zu mir, dass ich so mit dem Kommunisten nicht fertig werde. Das wusste ich schon! Er gab mir den Rat, in die Gewerkschaftsschule zu gehen. Schule? Nein, wenn die meine Ansichten hören, werfen sie mich überhaupt hinaus. Aber wie soll ich Stefan (so hieß der KP-Betriebsrat) sonst beikommen?

Nach langem Hin und Her meldete ich mich zur dreijährigen Gewerkschaftsschule an. Zweimal in der Woche für je 2 Stunden setzte ich mich in die Schule, die ich eigentlich nie mehr von innen sehen wollte. Aber jetzt war's anders, ich wollte wissen. So viel wie möglich und über die verschiedensten Gebiete.

Am Anfang getraute ich mich nicht zu fragen, wenn ich etwas nicht verstand, da kam mir der Zufall zu Hilfe. Es ging das Licht aus. In der Dunkelheit fragte ich den Professor nach Dingen, die mir unklar waren.

Bereitwillig gab er Antwort und er wusste auch, wer ihn gefragt hatte. Als das Licht wieder anging, sagte er zu mir, dass ich ihn selbstverständlich auch während seines Referates unterbrechen könne, wenn ich etwas nicht verstünde. Meine Neugier und mein Wissensdurst waren ungeheuerlich und obwohl wir Skripten über den jeweiligen Lernstoff erhielten, kaufte oder borgte ich mir noch zusätzlich Bücher, um mehr z.B. über Betriebswirtschaft oder Nationalökonomie zu wissen.

Ich lernte mit Erfolg, aber längst nicht mehr, damit ich Stefan einen gleichwertigen Gegner abgab, sondern weil es mich interessierte. Von der Arbeitsgerichtsbarkeit bis zur Wirtschaftsgeographie, alles war für mich Neuland und ich bedauerte zum ersten Mal, dass ich in meiner Schulzeit so wenig Lust zum Lernen hatte und die Jahre bis jetzt praktisch vertrödelte.

Noch etwas geschah da:

Ich war eines Abends in meiner Stammkneipe. Im Parterre war eine Gaststube und im Keller eine Bar. In der Gaststube stand eine Musikbox. Soeben war ich auf dem Weg in die Bar hinunter, als mir ein anderer Mann entgegenkam. Im letzten Augenblick merkte ich, dass er nicht ausweichen würde und spannte meine linke Schulter an. Beinahe hätte ich ihn umgerempelt. Einige Augenblicke maßen wir uns mit den Augen, dann ging er weiter hinauf in die Gaststube. Ich war ein Raufbold und wurde zornig. Also ging ich ihm nach. Da stand er vor der Musikbox und suchte ein Lied. Ich drängte mich zwischen ihn und den Automaten, wobei ich ihm den Rücken zukehrte und wartete, bis er mir die erste Ohrfeige gab. Dann würde ich ihn zerlegen.

Ich wartete vergeblich, als es mir zu lange dauerte und ich aufschaute, war er schon gegangen. Er verließ das Lokal und ich schämte mich plötzlich. Der hatte sicher keine Angst, er hatte nur keine Lust, sich mit einem Trottel wie mir öffentlich herumzuschlagen. Gerne hätte ich mich bei diesem Menschen entschuldigt, aber ich habe ihn nie wiedergesehen.

Aber eine Lehre hat er mir erteilt – ich bin seither jeder Rauferei aus dem Weg gegangen!

Das Jahr 1960 ist das Geburtsjahr unserer Tochter. Meine Frau wurde Anfang April von einem gesunden Mädchen entbunden und das zu Hause in unserem Wohnzimmer. Wir waren glücklich. Die Liebe zwischen meiner Frau und mir war kein Strohfeuer, sondern eine wärmende, bleibende, gute Flamme. Ich hatte plötzlich eine Familie und ein Zuhause, für die ich die Verantwortung trug.

Noch während unser Kind ein Säugling war, beschäftigte ich mich sehr viel mit ihm. Obwohl meine Frau und ich keiner Glaubensgemeinschaft angehörten, ließen wir unsere Tochter dennoch taufen und zwar auf den Namen Christa. Es waren sehr glückliche Jahre, wo wir als reife Menschen das Werden und Gedeihen unseres Kindes miterleben durften.

Als Christa zwei Jahre alt war, meldete ich mich in die schon erwähnte Abendschule der Gewerkschaft, ich hatte das erste Jahr noch nicht ganz abgeschlossen, als ich daheim Besuch bekam.

Der sozialistische Vertrauensmann wollte mit mir reden. Franz war ein grundehrlicher, aber wenig geschulter Parteigänger mit wenig Durchschlagskraft und noch weniger Begabung zum Reden. Sein Gang war eher schleichend und sein Auftreten unterwürfig. Jetzt hatte er auch noch Pech gehabt.

In so einem Hüttenbetrieb herrschen raue Sitten und es kam nicht selten zu Tätlichkeiten unter den Kollegen. So auch hier. Ein Arbeiter merkte in der Jausenzeit, dass ihm seine Frau eine faule Orange eingepackt hatte und er warf diese einem anderen zu. Dieser warf sie weiter und zuletzt landete sie im Gesicht von Franz. Den packte die Wut und er schleuderte seine Bierflasche dem letzten Werfer an den Kopf. Normalerweise zieht ein solcher Vorfall die sofortige Entlassung nach sich. Dies wurde vom Obmann verhindert, aber an einen Verbleib in der sozialistischen Fraktion sei nicht mehr zu denken.

Fast weinerlich bat mich Franz, doch den Vertrauensmann in der Abteilung zu übernehmen, wo ich doch jetzt zur Schule ginge und so viel wüsste und, und….

Nach einigem Zögern willigte ich ein. Ich war Ersatzbetriebsrat und der sozialistischen Partei trat ich auch wieder bei.

Nun war ich dem KP-Betriebsrat fast gleichgestellt, ich durfte, wenn ich eine betriebsrätliche Tätigkeit hatte, meinen Arbeitsplatz verlassen. Diese Freiheit hatte Stefan schon immer gehabt und sie auch weidlich ausgenutzt. Jeden Montagvormittag hatten wir Fraktionssitzung, wo alle Betriebsräte ihre Probleme dem Obmann vorbringen konnten und er auf Werksebene versuche, Hilfestellung für die Belange der einzelnen Betriebsräte und Vertrauensleute draußen in den Betrieben zu geben.

Ich bekam dadurch einen Blick fürs Ganze und merkte, dass auch andere, schon ältere Betriebsratskollegen, ihre Schwierigkeiten mit den Arbeitern und Meistern und meist auch mit dem Betriebsleiter hatten. Und eines begriff ich auch sehr bald, dass nämlich „mein Betrieb" die niedrigsten Löhne vom ganzen Werk hatte. Dies hatte zur Folge, dass alle Arbeiter, die sich – egal wo immer im Werk – etwas zuschulden kommen ließen, zu uns strafversetzt wurden.

Im ganzen Werk wurden wir nun die „Strafkolonie" genannt. Dem KP-Betriebsrat schien das recht zu sein. Bei seinem dialektischen Geschick waren dies seine zukünftigen Wähler. Zum Punkt „niedrige Löhne" fiel ihm auch nichts Anderes ein, als jeden Monat mindestens einmal einen Protestmarsch – einmal zur Direktion und einmal zur Betriebsratskanzlei – zu unternehmen. Mit der gleichen schönen Regelmäßigkeit wurden dann den Leuten die Stunden, die sie nicht gearbeitet hatten, vom Lohn abgezogen.

Das kümmerte den KP-Betriebsrat aber nicht, für ihn war's Betriebsratstätigkeit. Ohne große Ankündigung nahm ich mir vor, diese Zustände zu ändern. Ich wusste noch nicht, wie steinig dieser Weg sein würde, einen Vorgeschmack sollte ich aber bald bekommen.

Ein Schichtmeister, dem bei der Einteilung in der Früh zwei Männer übrigblieben, teilte diese zum Saubermachen des Platzes ein. Dann drehte er sich um und sagte zum Vorarbeiter: „Da habe ich die zwei richtigen Deppen zusammengespannt!" Die beiden waren aber noch da und hörten es. Sie kamen zu mir und beschwerten sich, sie wollten sich solch eine Beschimpfung nicht gefallen lassen.

Ganz einfach, dachte ich, ich gehe zum Betriebsleiter und verlange ein Disziplinarverfahren gegen den Meister. Das geschah auch, der Betriebsleiter, ein „Ing. … von ..." hatte Verständnis und fand es ebenfalls ungeheuerlich und die Verhandlung wurde innerbetrieblich abgeführt. Alle waren da, die beiden Arbeitskollegen und ich warteten vor der Kanzlei. Dann wurde ich hineingerufen, um meinen Standpunkt darzulegen. Ich verlangte zumindest eine Entschuldigung des Meisters. Darauf wurden die zwei Arbeiter gerufen, um den Hergang noch einmal zu schildern. Jetzt kam's: Die beiden „so tief gedemütigten" Arbeiter baten ihrerseits den Meister um Verzeihung, sie hätten ja nicht gewusst, dass Munz so blöd sei und gleich zum Herrn Betriebsleiter ginge. Dieser Herr Ing. konnte sich beherrschen, ihm kam kein Lacher aus. Anders dagegen der Obermeister und Meister. Sie gingen sichtlich als Sieger vom Platz und ich stand wie ein begossener Pudel da.

Es sah so aus, als hätte ich mir etwas zusammenge-reimt, ich wollte es dem Betriebsleiter erklären, der aber sagte nicht unfreundlich – aber endgültig: „Ach, lassen Sie nur."

Es verging ziemlich viel Zeit, bis ich diese Nieder-lage weggesteckt hatte und ich war von da an ein „ge-branntes Kind". Der Obermeister und die übrigen Meister waren mir von da an nicht mehr gewogen, und sie rächten sich, indem sie mir bei der Schichteintei-lung, wenn's irgendwie ging, die niedrigst bezahlte Ar-beit zuteilten. Als ich merkte, dass da System dahinter-steckte, setzte ich meinen Obmann davon in Kennt-nis, es wurde besser, aber Anerkennung fand ich vor-erst weder bei den Arbeitern noch bei den Vorgesetz-ten.

Die Streitereien mit Stefan beendete dieser selbst, in-dem er mir so eine Art Hausfrieden vorschlug. Er meinte, wir wären ja dumm, wenn wir uns zum Gau-dium aller anderen um nichts streiten. Ich war einver-standen.

In einem Vier-Augen-Gespräch mit meinem Ob-mann – er hieß Heribert – erklärte ich ihm die Proble-matik in meinem Betrieb, so wie ich es sah. Er hörte aufmerksam zu ohne mich zu unterbrechen. Dann seine kurze Frage: „Was schlägst du vor?" „Wir müs-sen jene Arbeitsplätze, die gemessen an ihrer Leistung unterbezahlt sind, anheben." Er versprach mir das in die Wege zu leiten und schon bald wurden wir zu einem ersten Kontaktgespräch in die Betriebswirt-schaftsstelle, kurz BWST, eingeladen. Auch Stefan als der aktive Betriebsrat musste beigezogen werden.

Als Ergebnis dieses Gespräches kamen wir überein, dass jeder von uns beiden (Stefan und ich) unabhängig voneinander eine Liste jener Arbeitsplätze erstellen sollten, die unserer Meinung nach unbedingt angeho-ben gehörten und in vier Wochen am gleichen Tag zur gleichen Stunde sehen wir uns wieder.

So eine Liste ist, wenn man es ernst nimmt, nicht leicht zu erstellen, zumal Stefan jedem brühwarm er-zählte, was wir vorhatten. Jeder wollte natürlich auch bei mir auf die Liste und wenn ich ihm erklärte, dass dies nicht ginge, hatte ich einen Gegner mehr. Trotz-dem hatte ich meinen Vorschlag nach bestem Wissen und Gewissen nach vier Wochen fertig und ging ei-gentlich mit viel Hoffnung zu meiner ersten Lohnver-handlung. Ich hatte mein Papier dem Obmann über-geben, der es schon vorher durchgesehen hatte. Jetzt übergab er meine Liste dem Chef der BWST.

Der sah sie nur kurz an und griff dann nach der Liste von Stefan. Ein paar Sekunden war es ganz still und dann explodierte er förmlich, hochrot im Gesicht schrie er etwas von „zum Narren halten", „Zumu-tung" und „die Zeit nicht gestohlen". Die Sitzung war beendet, ehe sie richtig begann.

Was war geschehen? Während ich mir die Arbeit machte und die krass unterbezahlten Arbeitsplätze heraussuchte, dabei natürlich bei den übrigen Arbeitern nicht gerade Liebkind war, schrieb Stefan die Namen sämtlicher Arbeitskollegen auf und gab sie für die Lohnerhöhung an. Das war natürlich nicht vereinbart, aber es war noch nicht sein letzter Streich.

Nach der geplatzten Lohnverhandlung ging Stefan in den Betrieb und informierte die Kollegen über das Scheitern der Verhandlung, sagte aber nicht, dass er daran Schuld hatte. Vielmehr sagte er jedem Einzelnen, er könne es ihm schwarz auf weiß zeigen, dass er ihn sehr wohl auf seiner Liste hatte. Er hatte ja alle auf seiner Liste, während ich nur die Mindestlöhner aufgeschrieben hatte.

Das waren also meine ersten „Gehversuche" als Belegschaftsvertreter und man kann dabei auch beim besten Willen höchstens von Misserfolgen sprechen.

Es wundert mich heute noch, dass ich damals nicht gleich wieder das Handtuch geworfen und nicht sofort alles wieder zurückgelegt habe. Umso mehr, als ich den Eindruck hatte, dass mich jene Kollegen, mit denen ich vorher gut auskam, jetzt als sozialistischen Vertrauensmann mieden. Aber ich blieb.

Da war vorerst meine kleine Familie. Sie war vollkommen intakt. Dank dem Verständnis meiner Frau war unser Heim ein Hort des Friedens und wir sahen mit viel Freude das Heranwachsen unserer Tochter. Hier schöpfte ich die Kraft zum Weitermachen.

Die zweite Stütze war die Abendschule. Hier waren Belegschaftsvertreter aus allen Berufen. Polizisten genauso wie Eisenbahner oder Angestellte und Arbeiter der Privatindustrie und alle hatten ihre Probleme.

Manchmal wurden die zwei Stunden am Abend zu kurz und wir diskutierten weiter, bis endlich einer auf die Uhr sah und sagte: „Kinder, ich muss weg, in einigen Minuten fährt mein letzter Bus."

Diese Gespräche waren sehr wertvoll für mich, besonders auch deshalb, weil ich immer neue Bücher für jene Fächer bekam, die mich besonders interessierten. Langsam häuften sich die Bücher daheim und die Regale an der Wand wurden voll. Das Fach, welches mich am meisten interessierte, war Nationalökonomie, aber da spielten auch die Psychologie und Philosophie genauso hinein wie die Betriebswirtschaftslehre. Ganz langsam kamen die Aha-Erlebnisse, ich begann zu verstehen.

Da mein erster Anlauf, die Löhne im Betrieb in die Höhe zu bringen, so kläglich scheiterte, suchte ich natürlich nach anderen Wegen. Wir lernten in der Schule von Prämien und Akkorden – hier sah ich ein Instrument, die Löhne bei den einzelnen Maschinen zu verbessern. Aber ich musste mehr drüber wissen. Also meldete ich mich zu den Kursen und Seminaren, die die Gewerkschaft für ihre Funktionäre abhielt.

Als ich das zweite Mal zu solch einem Kurs nach Wien fuhr, merkte ich, dass es in unserer Fraktion – vereinfacht ausgedrückt – zwei Strömungen gab. Die eine war auf „Wissen um unsere Rechte" bedacht, also fürs Lernen. Ihr gehörten der Obmann und die meisten Jüngeren an. Zur anderen Seite gehörten die älteren Kollegen, die „Gestandenen". Diese gingen nicht mit einer Forderung zu einem Betriebsleiter oder zum

Werksdirektor, sondern trugen untertänig ihre Bitte vor. Meistens erzählten sie noch vorher ein paar fette Witze, um den Verhandlungspartner in gute Laune zu bringen. Vom Lernen hielten sie nichts und derjenige, der öfters als einmal zu einem Seminar fuhr, war in ihren Augen eine „Kurswanze".

Ich musste mehr wissen, musste alle Probleme um den Akkord im kleinen Finger haben. Erst dann konnte ich beginnen, Maschine für Maschine zu akkordieren.

Stefan brauchte ich nicht mehr dazu, inzwischen war ich auch aktiver Betriebsrat. Überhaupt verlor Stefan ein bisschen mehr an Einfluss. Erstens sagte ich ihm nichts mehr von meinen Vorhaben und er staunte nur, wenn in einem Monat die eine oder andere Maschinenbesatzung mehr Stundenlohn als bisher im Lohnsackerl hatte.

Das Zweite war, dass der alte Obermeister in Pension ging und der ehemalige KP-Betriebsrat, Stefans Vorgänger, zum Obermeister befördert wurde. Während der „schöne Willi", so nannten wir ihn, als Betriebsrat alles tat, um die Leistung der Kollegen zu senken, versuchte er jetzt als Obermeister die Leute anzutreiben und bekam besonders bei jenen Maschinen, die noch auf ihren Akkord warteten, nicht genug Leistung. Er ging sogar so weit, mitzuzählen, wie oft jeder einzelne aufs Klo musste.

Er tat jetzt alles, um meine Akkorde nicht zu einem Erfolg werden zu lassen. Teilweise war ihm das auch gelungen, aber eben nur teilweise.

Natürlich klärte ich die Leute auf, zeigte ihnen das Hinterhältige seines Tuns, nicht ohne immer wieder einzuflechten, was wäre, wenn die Kommunisten an der Macht wären. Nicht zuletzt wegen der Machenschaften des jetzigen Obermeisters verlor Stefan an Boden. Unmut machte sich teilweise bei den Arbeitern breit, die erkannten, welches Spiel die beiden mit ihnen zu spielen gedachten.

Aber darüber vergingen Jahre. 1965 war die dreijährige Abendschule zu Ende und alle, die durchgehalten hatten, machten eine Studienreise nach England und auf der Rückreise noch vier Tage Paris.

Die zehn Tage in England waren ein unvergessliches Erlebnis. Ob es sich nun um den Besuch im englischen Parlament, Schloss Windsor oder die Autofabrik Ford-Dagenham handelte oder mein nächtlicher Streifzug durch das berüchtigte Soho – wo ich allein bis lange nach Mitternacht herumstrolchte – alles war für mich von enormer Bedeutung und blieb in meinem Gedächtnis.

Wie auch zum Beispiel die Diskussion mit führenden Gewerkschaftern beim TUC, dem Dachverband der englischen Gewerkschaften. Sie ließen sich alles übersetzen durch unseren Dolmetscher, unsere Anfragen waren manchmal nicht sehr fein, aber die Engländer verzogen keine Miene. Umso überraschter waren wir, als einer der britischen Gewerkschafter bei seinem Schlusswort unter anderem sagte: „Natürlich spreche ich deutsch."

Oder das Erlebnis im Hidepark in der Ecke, wo jeder reden darf, was er will. Wir hörten uns das eine Zeitlang an. Als dann einer von uns auf eine leere Kiste stieg und auf Deutsch eine Rede halten wollte, vergaßen die Engländer auf ihr Demokratieverständnis, unterbrachen ihn durch lautes Johlen und zerrten ihn schließlich von seinem primitiven Podium.

England war ein Erlebnis und hat nicht wenig zu meiner eigenen Persönlichkeitsfindung beigetragen.

Man kann London nicht in zehn Tagen kennenlernen, noch weniger Paris in vier Tagen, trotz dicht gedrängtem Besuchsprogramm. Trotzdem hatten wir noch Zeit für den Pigalle und die Due Denis.

Es war der letzte Tag, am Abend war Abfahrt von Paris und mein ganzes Geld war bis auf 20 Francs verbraucht. Wie meistens ging ich alleine noch einmal durch die Gassen, schlenderte ziellos der Seine entlang und war unverhofft am Pigalle. In einer Kneipe trank ich ein Bier und die Negerin, die mich bediente, sagte mir, dass sie 30 Francs kosten würde. Da sie gut deutsch sprach, verscheuchte ich sie nicht gleich und sagte ihr, dass dies genau um 10 Francs zu viel wäre. Sie erhöhte ihre Leistung von einmal auf zweimal und dreimal, aber sie wollte 30 Francs. Wir kamen nicht ins Geschäft, 20 Francs waren meine ganze Barschaft und davon musste ich noch mein Bier berappen. Schade.

Über diese ganzen Eindrücke in London und Paris hätte ich beinahe meinen Betrieb daheim vergessen und den neuen Assistenten des Betriebsleiters, der seit einigen Monaten bei uns war und hier sein Unwesen trieb. Begonnen hatte es ganz harmlos. Er kam ziemlich abgerissen mit Gummischuhen bei uns an. Ein großer, schwerer und massiger Mann mit einem Gang, als müsste er die ganze Welt auf den Schultern tragen. Dazu hatte er ein rosiges, frisches Vollmondgesicht, als käme er gerade vom Kühe melken.

Er war noch nicht lange im Betrieb, als sich herausstellte, dass er ein für uns unerfreuliches Hobby hatte. Er schlich fast jede Nacht im Betrieb herum mit dem Ziel, jemanden beim Nichtstun zu ertappen. Ich war zum Unterschied von Stefan zum Drei-Schicht-Betrieb eingeteilt und es ging mir auf die Nerven, jede Nacht auf das Erscheinen des Herrn Ingenieurs zu warten, der immer dann kam, wenn zwischen zwei Uhr und fünf Uhr morgens die menschliche Leistungskurve den tiefsten Punkt erreicht hatte.

Ich konnte es mir als Betriebsrat nicht leisten, bei einem Nickerchen erwischt zu werden. Dieser neue Ingenieur hatte bei den Arbeitern bald seinen Spitznamen und der lautete „Pumpfi". Dieser Ing. Pumpfi also hatte trotz seines biederen, gemütlichen, fast ein wenig einfältigen Äußeres bald heraus, dass es zwischen mir – dem sozialistischen Betriebsrat – und dem Kommunisten Stefan ständige Spannungen gab. Da kam ihm eine sonderbare Idee. (Ich nehme an, dass diese Idee nur seinem Hirn entstammen konnte.)

Er lud mich zu einem Vier-Augen-Gespräch und sagte ohne Umschweife, dass wir den Kommunisten ganz leicht und für immer eliminieren könnten. Er wollte Anzeige erstatten, dass er den Stefan beim

Diebstahl in seinem Büro erwischt hätte und ich sollte mit einer falschen Zeugenaussage diesen Hergang bestätigen.

Nun, ich hatte den Stefan schon des Öfteren zum Teufel gewünscht, aber auf diese Art? Was bildete sich diese Akademiker überhaupt ein? Ich spürte, dass mir warm wurde und voller Zorn sagte ich: „Dazu müssen Sie sich Ihresgleichen suchen!" und verließ grußlos das Büro. Nun hatte ich zwei einflussreiche Gegner.

Da kam mir ein Glücksfall zu Hilfe. Wir hatten wieder Nachtschicht von 22.00 Uhr bis 6.00 Uhr morgens. Pumpfi hatte sich inzwischen ein Fahrrad zugelegt, um schneller von Arbeitsplatz zu Arbeitsplatz rasen zu können.

Eines nachts stürzte er über ein Hindernis. Die Folge war eine arge Wunde am Kopf und Hautabschürfungen an Händen und Füßen. Als wir ihn verbunden hatten, wollte er an Ort und Stelle eine Disziplinaruntersuchung, weil er annahm, dass dieses Hindernis absichtlich dorthin gestellt wurde.

Nun, zu einem Disziplinarverfahren brauchte er einen Betriebsrat und ich fühlte mich als Verteidiger meiner Kollegen. Scheinbar machte ich meine Sache gut, ich machte sie sogar sehr gut! Denn plötzlich gingen ihm die Nerven durch und er begann vor allen Leuten mit mir zu schreien. Unter anderem sagte er, dass mit mir nicht zu reden sei, dass er sich in Zukunft nur mehr an den Kommunisten wenden werde.

Eigenartigerweise blieb ich vollkommen ruhig und ganz gelassen antwortete ich: „Ja, tun Sie das! Mit dem passen Sie ohnehin besser zusammen. Außerdem werde ich über Sie Meldung machen. Wir haben den berechtigten Verdacht, dass Sie betrunken sind. Am besten wäre für Sie eine Blutuntersuchung beim Werksarzt, damit Sie diesen Verdacht entkräften." Damit ließ ich ihn einfach stehen und mit mir gingen auch meine Kollegen wieder an die Arbeit.

Es war ein glänzender Sieg! Nicht nur über den Ingenieur, sondern und vor allem für mich! Nicht zuletzt auch über Stefan, obwohl der gar nicht da war.

Aber die Leute fragten sich, warum Pumpfi lieber mit dem Stefan verhandelte und was dieser wohl an meiner Stelle getan hätte. Ich konnte wieder einmal ein Erfolgserlebnis verbuchen. Meine Kollegen hatten plötzlich zu mir mehr Vertrauen als zu Stefan und das tat mir sehr gut.

Während mein Ringen um Anerkennung und Erfolg im Betrieb die ersten Früchte trug, tauchten zu Hause unvermittelt Sorgen auf. Eines Nachts musste ich den Arzt holen, meine Frau hatte einen gefährlich aussehenden Herzanfall und ich bekam beklemmende Angst. Die Essigumschläge, die ich ihr machte, waren wenigstens kein Fehler. Nur langsam erholte sie sich nach der Injektion des Arztes.

Da tauchte das zweite Problem auf. Wir hatten nur einen teuren Kachelofen fürs Wohnzimmer gekauft und damit es im Kinderzimmer warm war, hatten wir das Rauchabzugsrohr erst hier in den Kamin geleitet. Nun las ich in der Zeitung, dass irgendwo ein Kind unter solch ähnlichen Umständen an Rauchgasvergiftung gestorben war. Jeder Vater wird verstehen, dass es mit meiner Ruhe vorbei war. In der Nacht wurde ich wach und dachte: „Vielleicht stirbt sie soeben" und ging nicht nur einmal nachsehen. Die Folge war, dass wir eine Etagenheizung installieren ließen.

Nun, der Kachelofen hatte drei Monatslöhne gekostet. Die Etagenheizung kostete zwölf Monatslöhne. Jetzt waren wir gerade zwei Jahre mit der Rückzahlung unseres Darlehens fertig und mussten uns schon wieder Geld borgen. Aber die Sicherheit hatte absoluten Vorrang!

Die Abendschule der Gewerkschaft war mit der Auslandsreise beendet und noch im gleichen Jahr 1965 begann die Parteischule. Ebenfalls an zwei Tagen in der Woche, am Abend je zwei Stunden. Auf eine schriftliche Einladung sagte ich zu, ich war gerade so schön im Lernen. Es waren immer gute Referenten und hohe Parteifunktionäre als Vortragende da. Die Themen waren hauptsächlich die marxistische Theorie aus unserer, das heißt aus der Sicht der des demokratischen Sozialismus, Meinungsforschung sowie politische Bildung.

Seit dem 2. Jahr der Gewerkschaftsschule hatte ich einen Leitsatz, den ich nicht nur in jedes Notizbuch auf die 1. Seite schrieb, sondern ich schrieb ihn mir auch hinter die Ohren, also ganz fest ins Gedächtnis. Dieser Satz lautete so: „Du musst dich beim Lesen oder Hören nicht damit zufriedengeben, dass du den Sinn des Autors oder Sprechers verstehst, sondern dich daran gewöhnen sogleich die Richtigkeit des Gesagten/Gelesenen zu prüfen und zu kritisieren."

Danach richtete ich mich und wurde ein eifriger Diskutierer. Heute weiß ich, dass ich für viele meiner Zeitgenossen aber etwas Anderes war – ein streitsüchtiger, unangenehmer Besserwisser, dem man tunlichst aus dem Weg geht. Aber das wusste ich damals nicht – ich hatte auch nicht die Kraft oder die Größe zuzugeben, wenn ich einmal nicht im Recht war.

So stritt ich mit jedem, ob er es wollte oder nicht, nur zu Hause war Frieden. Der Ing. Pumpfi hatte seinen Dienst im Unternehmen quittiert und verschwand so unauffällig wie er gekommen war. Diese Reibungsstelle löste sich von selbst auf, dafür begann ein Zeuge Jehovas sich mit mir anzulegen. Da inzwischen alle wussten, dass ich Atheist war, hatte er es wahrscheinlich deshalb so abgesehen auf mich. Ich war nicht aus politischen Gründen ein Gottesleugner – ich glaube einfach nicht.

Schließlich war ich fast fünf Jahre im Krieg und der 14. Oktober 1944 war unauslöschlich in meiner Erinnerung. Was musste das für ein Gott sein, der solches zuließ? Aber Max, so hieß der Bibelforscher, war unverdrossen am Werk, mich zu bekehren. Er überhäufte mich mit frommen Bibelsprüchen. Das war für mich Neuland und es blieb mir gar nichts anderes übrig, als mir das Buch der Bücher zu kaufen.

Werter Leser, es wäre jetzt zu viel gesagt, wenn ich behaupten würde, ich hätte die Bibel gelesen. Aber ich schmökerte tagelang und wochenlang darin herum.

Schließlich kam ich zu der Überzeugung, dass die ganze jüdische Geschichte im Alten Testament eine Geschichte von Kriegen ist und alles im Namen Gottes. Weil Max schon so am geschriebenen Wort hing, nannte ich seinen Jehova einen „Kriegshetzer". Er wurde blass und sagte, das sei Blasphemie. Ich wusste gar nicht was das bedeutete, bestritt es aber und bot den Wahrheitsbeweis an. Daheim wusste ich dann, dass ich Gotteslästerung beging.

Am nächsten Tag nahm ich natürlich die Bibel mit, fein säuberlich mit Lesezeichen an den Stellen versehen, die mir wichtig schienen. Zur Pause – wir hatten wieder interessierte Zuhörer – gab ich ihm das Buch und meinte, er solle laut vorlesen. Nach ein paar Versen versagte ihm die Stimme, dann begann er zu weinen. Jetzt tat er mir leid, das wollte ich nicht. Wenn ihm sein Glaube so wichtig war, sollte er ihn doch haben – ich hatte kein Recht ihn zu beeinflussen. Dann nahm ich das Buch und steckte es weg. Über diesen Sieg war ich nicht sehr glücklich.

Das Jahr 1966 wurde beherrscht durch den Wahlerfolg der ÖVP. Sie errang die absolute Mehrheit im Parlament. Unser ganzer persönlicher Einsatz im Betrieb und in den Gemeinden konnte die Scharte, die wir durch die Sache mit Franz Olah erlitten, nicht ausmerzen.

Am Abend des Wahltages verkündete der damalige Generalsekretär der ÖVP (der eiserne Hermann): „Natürlich sind wir eine Unternehmerpartei!"

Das wurde vorher und auch nachher nie mehr so deutlich ausgesprochen. Jeder denkende Arbeiter weiß, was das heißt. Während des ganzen Wahlkampfes war meine Frau im Spital. Die Gallensteine mussten operativ entfernt werden.

Unmittelbar nach den Wahlen, im Frühjahr 1966, fuhr ich zum letzten Lehrgang in Sachen Akkord auf zwei Wochen nach Feichtenbach in Niederösterreich. Da dieses Urlaubsheim in günstiger Höhe und umgeben von Wald war, meldete ich meine Frau und Tochter ebenfalls für 14 Tage dort an.

Während ich lernte und bei mir der Entschluss wuchs, alle Akkorde bei mir daheim noch einmal abzuändern, machten meine Frau und Tochter weite Spaziergänge und erholten sich prächtig.

Wieder zu Hause angekommen, stürzte ich mich voller Energie auf meine mir selbst gestellte Aufgabe. Aber auch andere Dinge mussten erledigt werden. Wir forderten Arbeitsschuhe für die Kollegen, ebenso wie Badepantoffel. Die Bäder mussten vergrößert werden, die Zeiten waren vorbei, wo sich die Arbeiter nur ganz oberflächlich Hände und Gesicht wuschen und mancher dabei nicht einmal die Zigarette aus dem Mund nahm. Immer mehr Kollegen wollten nicht mehr dreckig heimgehen, sondern sich wenigstens duschen. Und da waren eben für 300 (dreihundert) Arbeiter 7 (sieben) Brausen zu wenig.

In meiner Ortschaft war ich inzwischen stellvertretender Parteiobmann geworden, auch ein Job, der nur mit viel Arbeit verbunden war.

Im Mai des Jahres fassten wir in unserer Fraktion den Beschluss, eine innerbetriebliche Lohnforderung zu stellen. Es sollte aber geheim bleiben, damit die Kollegen draußen in den Betrieben auch sahen, dass „wir" diejenigen waren, die sich ununterbrochen um ihre Belange kümmerten.

Umso erstaunter waren wir, als nach etwas mehr als einer Stunde gemeldet wurde, dass die Kommunisten bei den Fabrikstoren standen und Flugzettel verteilten. Der Inhalt der Flugschrift war kurz und einfach: „Die Sozialisten schlafen wie immer. Wir von der Kommunistischen Fraktion fordern 4,2 % Lohnerhöhung!"

Wir sahen uns an. Diese 4,2 % hatten wir schriftlich gefordert. Wir hatten einen Verräter unter uns und jeder konnte es sein. Das Dumme war auch, dass wir nicht mehr zurückkonnten. Das Schreiben musste schon bei der Direktion sein. Die Kommunisten konnten uns – dank eines Verräters – den Erfolg stehlen und an ihre Fahnen heften.

Aber wir mussten noch mehr Haare lassen bei dieser Sache. Die KP drängte auf Fristsetzung, nicht nur für die Verhandlungen, sondern auch für die Bezahlung der geforderten 4,2 %. Eine Urabstimmung ergab 4.800 Stimmen für und 300 Stimmen gegen einen Streik.

Das war ebenfalls das Werk der Kommunisten, sie wollten den Arbeitskampf. Nach fast einer Woche einigten sich der Betriebsrat und die Unternehmensleitung auf 3,3 % und wir nahmen gegen die Stimmen der KP an. Prompt wurden wir als die „Umfaller" bezeichnet. Aber die Leute arbeiteten wieder und ich konnte bei den Akkorden meine Ideen verwirklichen, sehr zum Missfallen des Betriebsleiters, der gerne mehr Konkurrenz unter den Arbeitern gesehen hätte. Er wollte eine schichtweise Abrechnung, er wollte Einzelakkord. Aber ich war dagegen.

Inzwischen war es in diesem ereignisreichen Jahr Herbst geworden. Ende Juli verstarb der Vater meiner Frau und meine Schwiegermutter als leidenschaftliche, man könnte fast sagen als fanatische Atheistin, konnte den Tod nicht verwinden. Es war ein Jammer zu sehen wie sie litt.

Jetzt war es Mitte September, als ich die Nachricht bekam, dass einer meiner Arbeitskollegen am Großglockner tödlich verunglückt war. Ich fuhr also mit einer Abordnung von sechs Mann nach Heiligenblut, um unserem Arbeitskollegen die letzte Ehre zu erweisen.

Auf der Fahrt dahin gingen mir die verschiedensten Gedanken durch den Kopf. Vor einem Jahr besuchte ich ihn, er hieß Max, im Krankenhaus Schladming, er war am Dachstein abgestürzt. Damals sagte er im Spaß: „Wirst sehen Luis, du wirst einmal bei meinem Begräbnis reden!"

Jetzt war es soweit und ich hatte noch immer kein Konzept für diese – meine erste – Grabrede. Ich hatte mir einige solcher Ansprachen durchgelesen, aber das klang alles so abgedroschen. Ich wollte etwas Besonderes sagen. Meine Nervosität stieg, je näher wir dem schönen Heiligenblut kamen. Wir kamen früher dort an. Um 11 Uhr sollte das Begräbnis sein, um 10.15 Uhr waren wir da. Während meine Kollegen in ein Gasthaus gingen, setzte ich mich im Kirchhof auf eine Bank und stellte meine Trauerrede zusammen, dann ging ich in das Pfarrhaus, um mit dem Priester zu sprechen. Aber er war nicht da. Hochwürden war im Wirtshaus, seine Köchin sagte mir, wo ich ihn finden könne.

Als ich dort nach dem Pfarrer fragte, wurde mir mitgeteilt, dass er wohl hier war, er wird aber in die nächste Schenke gegangen sein. Inzwischen war es 11.00 Uhr und ich hatte den Pfarrer noch nicht gefunden. Meine sechs Arbeitskollegen und die Trauerfamilie standen schon vor der Kirche, als ich mit dem Priester ankam. Aber jetzt war die Totenkammer versperrt, wo der Sarg mit den sterblichen Überresten unseres Freundes stand. Den Schlüssel dazu hatte der Mesner und der war auch irgendwo in einem Gasthaus.

Als die Totenkammer endlich offen war, zeigte die Uhr 20 Minuten vor 12 Uhr, dann passierte noch etwas. Meine sechs Kollegen wollten den Sarg auf die Schulter nehmen und als sie ihn beinahe oben hatten, fiel der Deckel mit Gepolter zu Boden, er war nicht verschraubt gewesen. Also – Sarg wieder hinstellen, wobei alle die grässlich verstümmelte Leiche sahen, Deckel wieder drauf und während einer von uns mit dem Taschenmesser die Schrauben anzog, raunte ich dem Pfarrer ins Ohr: „Diesen Skandal werden Sie büßen, ich mache Sie berühmt samt Ihrem Heiligenblut. Dieser Vorfall kommt in alle Zeitungen und Ihnen wird Hören und Sehen vergehen."

Er sah mich an wie ein getretener Hund, er war schon ein alter Mann. Er zitterte, wahrscheinlich war er Alkoholiker. Seine Sache vor dem offenen Grab macht er kurz aber gut, dann kam ich an die Reihe.

Den Anfang und den Schluss hatte ich auswendig gelernt und dazwischen sprach ich das aus, wie mir zu Mute war. Ich blieb nur einmal fast stecken, als mir meine eigene Rührung beinahe die Kehle zuschnürte und als ich mein letztes „Glück auf" sagte, wusste ich, ich hatte nicht versagt.

Als ich Max`s Mutter mein Beileid ausdrückte, setzten mich ihre Ruhe und ihre Gelassenheit in Erstaunen. Sie sagte unter Tränen: „Ich werde ihn ja wiedersehen." Da fiel mir meine Schwiegermutter ein. Um wieviel leichter hatte es doch diese kleine abgearbeitete, gläubige Frau, die vier Kinder alleine großgezogen hatte, nachdem ihr Mann – ein Holzknecht – bei der Arbeit tödlich verunglückt war. Jetzt hatten wir ihren Ältesten begaben.

Obwohl meine Kollegen noch gerne hiergeblieben wären, musste ich auf sofortige Heimfahrt drängen.

Um 18.00 Uhr hatte ich eine wichtige Sitzung, es ging um die Kandidatenerstellung für die kommende Betriebsratswahl. Während der Heimfahrt hatte ich Zeit, über den alten Pfarrer nachzudenken. Natürlich hatte ich nicht die Absicht, etwas gegen ihn zu unternehmen, obwohl das durchaus im Sinne meiner Kollegen gewesen wäre. Ich mochte meine Hand nicht dazu hergeben, jemanden, der gestrauchelt war, noch zu stoßen.

Als ich kam, war die Sitzung schon im Gange und es wurde heftig gestritten. Lieber Freund, wie schon einmal erwähnt, gab es innerhalb der Fraktion zwei unterschiedliche Richtungen. Die einen, die Ehrgeizigen mit dem Wahlspruch „Wissen ist Macht" und die anderen, immer locker und mit dem neuesten Witz ausgestattet, erreichten oft das Gleiche und manchmal sogar mehr als die Ersteren.

Aber diese Unterscheidung ist nur grob und mangelhaft. Da gibt es die verschiedensten Bestrebungen aus Gründen des Prestiges oder angenommenen oder wirklichen Privilegien. Oder es ist einfach ein besseres Einkommen, das heißt Geld dahinter. Und es gibt gleich viel Bestrebungen aus den gleichen Gründen, um den Aufstieg eines anderen zu verhindern.

Ich habe in unserer sozialistischen Fraktion keinen einzigen „Genossen" kennen gelernt, der nur aus ideellen Gründen das „Ehrenamt" Betriebsrat angenommen hat. Auch ich bin angetreten mit dem erklärten Ziel, das Lohnniveau und damit auch mein Einkommen spürbar zu erhöhen.

Es wurde also schon tüchtig gestritten und die lockeren Spaßmacher wurden langsam aber sicher einer nach dem anderen abgehalftert. Es war nicht die feine englische Art, wie die Genossen gegangen wurden.

Obwohl ich da schon überzeugt war, dass nur beharrliches Lernen nicht nur die Betriebsräte, sondern die gesamte Arbeiterschaft vorwärtsbringen kann, passte mir die Art und Weise, wie die einstigen Genossen eliminiert wurden, nicht in den Kram.

Obwohl ich an gut platzierter Stelle war, stimmte ich dagegen. Es sollte niemand sagen können, es sei ein einstimmiger Beschluss gewesen. Der Wahltag war Freitag, der 21. Oktober. Nach einem harten Wahlkampf erhofften wir uns natürlich einen Stimmenzuwachs, der sich auch in Mandaten ausdrücken lässt. Aber es gab eine allgemeine Ernüchterung bei uns.

Nicht nur, dass wir keine Stimmen dazu gewannen, wir hatten sogar ein Mandat verloren. Der Betriebsrat bestand jetzt aus 13 Sozialisten, 9 Kommunisten und 2 von der ÖVP. Das 14. Mandat hatten wir verloren, an dieser Stelle war ich gereiht. Ich war also wieder Ersatzbetriebsrat.

Am Sonntag darauf fuhr ich zu einem Seminar über Betriebspsychologie nach Hallein in Salzburg. Veranstalter war die Volkshochschule Österreich, das Seminar war gut besucht – nicht nur was die Anzahl der Hörer betraf – sondern auch die Zusammensetzung derselben. Neben Offizieren und Unteroffizieren des österreichischen Bundesheeres waren Bürgermeister, Betriebsleiter sowie Betriebsratsobmänner, Geschäftsleute, Vertreter, ein Arbeiterpriester sowie ein Ersatzbetriebsrat. Das war ich. Es war Sonntag, um etwa 19.00 Uhr kam ich im Haus Rief bei Hallein als einer der letzten an. Nach dem freundlichen Empfang in dem alten, gediegen ausgestatteten Haus wurde uns gesagt, dass der Unterricht noch heute um 19.30 Uhr beginne und es werde um Pünktlichkeit ersucht.

Es ging an diesem Abend um eine allgemeine gegenseitige Bekanntmachung. Jeder musste in kurzer Form seinen Namen, seinen Stand, Ort seines Wirkens und was man sich erwartet kundtun. Beim letzteren sagte ich, dass ich die Auffassung vertrete, was auch meine Erfahrung bestätigte, dass ein Betriebsrat auch ein wenig Seelsorger zu sein hat. Er muss zuhören können, wenn jemand bei ihm seine Sorgen abladen möchte.

Eine Bank hinter mir saß der Arbeiterpriester, aber da kannten wir uns noch nicht. Sein Statement war eine einzige Kampfansage an mich und gipfelte etwa so: „Wenn die Betriebsräte Seelsorger werden sollen, dann muss es uns Seelsorgern gestattet sein, Betriebsräte zu werden."

Dies war ein anderer Gegner als der Pfarrer von Heiligenblut. Ich nahm die Herausforderung auch sofort an und konterte: „Aber dann müssen Sie sich erst zur Wahl stellen."

Ohne Einschreiten des Schulleiters wäre gleich am ersten Abend zwischen uns zwei Kampfhähnen ein heftiger Streit ausgebrochen. Aber dieser Streit war nicht aufgehoben, die ganze Woche über lagen wir uns in den Haaren. Aber ihm war kein Erfolg beschieden, ich bekam unerwartet Hilfe, auch von ÖVP-Bürgermeistern, als er versuchte, mich mit kommunistischen Parolen in die Enge zu treiben. Die letzten paar Tage ging er mir dann aus dem Weg, um meinen Sticheleien zu entgehen.

Bei diesem Seminar habe ich sehr viel gelernt, vor allem aber, dass ich nicht so leicht zu schlagen bin, wenn es mir gelingt, meinen Jähzorn zu beherrschen.

In diesem Jahr hatte ich noch eine unangenehme Angelegenheit zu lösen. Es gab einen Arbeitsunfall, bei dem ein Kollege durch einen Kran eine Brustkorbquetschung erlitt. Nach seiner Genesung wollte er von dem betreffenden Kranführer ein Schmerzensgeld von 18.000 Schilling gerichtlich erzwingen.

Damals verdiente ein Kranführer 3.600 Schilling. Dieser bat mich um Hilfe. Nun, ich sprach mit dem Kläger – ich versprach ihm einen kostenlosen Rechtsanwalt von der Arbeiterkammer, wenn er nicht den Kollegen, sondern das Unternehmen klage. Es half alles nichts. Er hatte sich 18.000 Schilling in den Kopf gesetzt und die wollte er vom Kranführer. Dabei war dieser gar nicht schuld, er hatte nur die Zeichen des Einweisers befolgt.

Da griff ich zu einem üblen Trick: In einem ganz harmlos geführten Gespräch brachte ich den Kläger so durcheinander, dass er letztlich zugab, dass er selbst schuld an dem Unfall war. Und das vor vier Zeugen!

Der Zivilgerichtsprozess, den er trotzdem anstrengte, war für ihn ein Fiasko, aber er tat mir nicht leid.

In den Wintermonaten 1966/1967 lernte ich einen interessanten Mann kennen, dem ich vorher gar keine Aufmerksamkeit geschenkt hatte. Es war meistens so, dass wir zu Beginn des Jahres voll mit Aufträgen aus-gelastet waren, aber die Bautätigkeit noch nicht einge-setzt hatte. In diesen Zeiten borgte sich das Unterneh-men von den Baufirmen die notwendigen Arbeits-kräfte aus. So hatten wir von den verschiedensten Fir-men die unterschiedlichsten Leute, die manchmal den ganzen Winter bei uns im Schichtbetrieb tätig waren.

In den Jausenzeiten, die offiziell nur zwölf Minuten dauern sollten – aber meist länger waren – wurde im-mer eifrig diskutiert. Natürlich war ich bestrebt, diese Gespräche in „meine" Richtung zu lenken, was mir manchmal auch ganz gut gelang.

Von einer dieser Jausenzeiten möchte ich erzählen, da lernte ich diesen unscheinbaren und unauffälligen Mann kennen, der auf mich einen sehr starken Ein-druck machte.

Es war wieder einmal dreiviertel Zwei Uhr morgens, als die Sirene heulte und wir den Mannschaftsraum aufsuchten, um unser Essen zu verzehren. Dabei wur-den – wie immer – Meinungen ausgetauscht.

Ganz plötzlich, wie der Blitz aus heiterem Himmel, stellte jemand an mich die Frage. „Was ist eigentlich der Unterschied zwischen einem Sozialisten und ei-nem Kapitalisten?"

Vielleicht habe ich nicht sehr geistreich ausgesehen. Während ich noch überlegte, wie ich den Unterschied am besten erkläre, sagte einer von ganz hinten im Raum – weil er am Tisch keinen Platz mehr hatte – „Des is so: Wenn ana ums Göd oabeitn geht, donn ghört er eigentli zu uns, wenn oba sei Göd fia eam o-abeitet, dann ghört er zu die ondaren."

Das war kurz, prägnant und jeder hatte es verstanden. Ich hatte dem nichts hinzuzufügen, ich war beeindruckt.

Fortan suchte ich immer öfter seine Gesellschaft und war auch bei jedem Gespräch, das wir führten der Beschenkte. Er war immer der Gebende.

Als er sich verabschieden kam, weil seine Firma an einer Großbaustelle wieder weitermachen konnte, sagte er unter anderem: „Waßt du, ma merkt´s dir jo on, dass´d lernst und dass´d vü liest und di bemühst, oba du bist trotzdem nur fia a Jankerl geborn. Dir wird nie a Rock passn!"

Alter Freund, ich hoffe, dass du noch lebst und dass du gesund bist.

Das Jahr 1967 begann mit einem kleinen Erfolg für mich persönlich. Seit einiger Zeit versuchte ich vom Drei-Schicht-Betrieb weg zu kommen, so, dass ich die gleich günstigen Bedingungen hatte, wie der Vertreter der KP.

Der Obermeister stellte sich dagegen, aber auf Intervention des Obmannes entschied der Chef, dass ich die gleichen Bedingungen haben sollte wie Stefan, also die zweischichtige Arbeit. Ein kleiner, aber wichtiger Erfolg.

Im Februar wurde Heribert, unser Obmann, in den Aufsichtsrat der OIAG berufen. In meinem Betrieb kam das Lohnniveau allmählich in Bewegung. Die Kollegen merkten, dass mehr Geld zu verdienen war.

Das wollten plötzlich alle. Die Betriebsleitung und die Betriebswirtschaftsstelle merkten, dass mich die Arbeiter der anderen - noch nicht akkordierten Maschinen - drängten. Sie wollten auch mehr verdienen.

Diesen Zeitdruck, unter dem ich jetzt stand, nutzte die Betriebsleitung natürlich aus und wollte mich immer wieder bei den Verträgen ums Ohr hauen. Das ist ihnen auch einige Male gelungen, aber aus Niederlagen lernt man besser und so langsam wurde ich Fachmann auf dem Gebiet der Akkordverhandlungen.

Im April erfuhren wir von unserem Obmann, dass die Lage unseres Konzerns ausgesprochen triste sei, wahrscheinlich würden wir einhundert Millionen Schilling Defizit machen. Im Sommer mussten wir zwangsweise Urlaub nehmen.

Beim nächsten Bericht des Obmannes war der Abgang im ersten Halbjahr sechzig Millionen und im Oktober wollten wir wieder mehr Lohn fordern. Die Leute meines Betriebes mussten im September wieder aus Arbeitsmangel Urlaub nehmen. Dazu kam, dass in unserer Fraktion das erste Mal davon gesprochen wurde, dass in unserem Werk 320 Arbeiter zu viel seien. Ich hielt das für eine absichtlich lancierte Meldung, um uns von Lohnforderungen abzuhalten.

Neben den vielen Sitzungen und Besprechungen in und für meinen Betrieb und in der Gemeindestube, besuchte ich noch immer die Parteischule und fand auch noch für Bücher Zeit. So hatte ich gerade das Taschenbuch „Wirtschaftswunder oder keines" von No-

votny erarbeitet gehabt, als an einer unserer montägli-
chen Sitzungen der Obmann erklärte, dass 280 Arbeiter gekündigt würden. Das war schockierend, aber
mehr ging mir der Umstand auf die Nerven, dass Heribert eine fertige Namensliste bei sich hatte, die er
scheinbar schon lange kannte.

Als er einige Namen daraus als „besonders interes-
sant" vorlas, um uns die Liste schmackhaft zu machen,
platzte mir der Kragen.

Normalerweise unterbricht man den Sprecher nicht,
aber ich konnte mich nicht beherrschen und lauter als
ich es wollte, machte ich den schweigenden Genossen
und dem Obmann klar, welche grenzenlose Schweine-
rei hier im Gange war und dass ein sozialistischer Ar-
beitervertreter sich unter keinen Umständen dazu
missbrauchen lassen dürfe, hier mit seiner Zustimmung andere Arbeiter brotlos zu machen.

In der Beurteilung meiner Fraktionsgenossen kam
ich nicht sehr gut weg, nur zwei Genossen schlugen
sich auf meine Seite. Mir wurde gesagt, alle meine Ar-
gumente könnte ich um 14.00 Uhr wiederholen, denn
dann würde die Sitzung im Beisein des Gewerk-
schaftspräsidenten und dessen Stellvertreter fortge-
setzt.

In diesen zwei Stunden arbeitete ich intensiv das
vorher erwähnte Buch „Wirtschaftswunder oder keines", das eine Analyse der österreichischen Volkswirt-
schaft im Allgemeinen und der Verstaatlichten im Besonderen darstellt, durch. Ich schrieb mir einige wich-

tige Daten auf und ging wohlgerüstet zur vermeintlichen Auseinandersetzung mit meinem obersten Chef in dieser Hierarchie.

Den Ablauf der Sitzung brauche ich nicht zu beschreiben. Ich war der einzige, der sich mit der Kündigung von Arbeitern auch dem Präsidenten gegenüber nicht einverstanden erklärte. Ich begründete dies auch:

Die VOEST ist zu 80 % exportorientiert. Wir, mit dem gleichen Prozentsatz im Inland, haben unseren Stahl beinahe verschenkt, statt verkauft. Während die VOEST im Auslandsgeschäft voll ausgelastet war, litten wir im Inland an Arbeitslosigkeit. Haben wir schon genug Straßen, Brücken, Schulen und Spitäler? Hat man hier noch nichts von John Meinrad Keynes gehört?

Meiner Meinung nach gehörten nicht 280 Arbeiter entlassen, sondern die Vorstanddirektoren gehören davongejagt. Zum Schluss erwähnte ich noch, wie das Leben in meiner Familie war, in der der Vater elf Jahre lang arbeitslos war. Vielleicht hat es ja da auch irgendwo eine Liste mit „interessanten" Namen gegeben.

Mein Plädoyer war gelungen, der Stellvertreter, selbst ein hervorragender Redner, sah mich anerkennend an und der Präsident sagte, dass noch nichts entschieden sei. Es werde weiterverhandelt.

Der langen Rede kurzer Sinn: Außer dem General-direktor und dessen Stellvertreter wurde niemand ge-kündigt. Ein großer Sieg für mich, wenn auch andere die Lorbeeren einheimsten.

Zum Jahresende kam mein Bruder mit seinen Kin-dern und so ging das Jahr beschaulich zu Ende.

Das Jahr 1968 begann mit einem Wechsel des Be-triebsleiters bei uns. Unter glatter Oberfläche schien sich ein uralter Hader zweier Adelsgeschlechter hier in einem verstaatlichten Betrieb fortzusetzen. Der eine war jetzt der Stärkere, weil er Werksdirektor war und unser Betriebsleiter wurde versetzt. Ich hatte mich mit ihm so schön zusammengestritten und wusste in etwa, wie ich es schaffen konnte, ihn als Verbündeten gegen die überbetriebliche Betriebswirtschaft zu gewinnen. Na, immerhin hatte der neue Chef für mich den Vor-teil, dass er sich überhaupt nicht auskannte im Betrieb und eher mehr Theoretiker als Praktiker war. Auf die vielen Besprechungen, Sitzungen und Konferenzen möchte ich nicht näher eingehen. Nur so viel, dass es auf der Betriebsrats- und Gewerkschaftsebene um Ar-beitszeitverkürzung und im Gemeinderat um die Orts-kanalisation und deren Gebühren ging.

Bei uns zuhause war alles in Ordnung, unsere Christa kam in die Schule und wir hatten sehr viel Freude mit ihr. Viel Freude hatten wir auch, als wir uns am Freitag, den 13. September ein gebrauchtes Auto kauften. Wir waren in Hochstimmung. Die Führer-scheinprüfung hatte ich schon 10 oder 15 Jahren zu-vor abgelegt, hatte aber keinerlei Fahrpraxis. Es kam, wie es kommen musste: Bei unserer ersten Ausfahrt am gleichen Tag blieb ich auf einer Steigung stehen, dachte, der Motor wäre abgestorben und betätigte den Starter – bei laufendem Motor. Fazit: Der Starter war kaputt.

Abergläubische Naturen würden jetzt sagen, an einem Freitag, den 13. macht man solche Sachen nicht, ich würde zur Antwort geben, „solche Sachen" macht man auch an keinem anderen Tag. Aber bei Karl Marx, Lenin oder Viktor Adler kann man darüber nichts lesen.

Während ich hier im Grünen sitze, in alten Taschenkalendern und in meinem Gedächtnis herumkrame, dabei so manchen Kampf mit mir ausfechte, ob ich die eine oder andere Dummheit meines Lebens niederschreiben soll, tauchen Bilder und Gestalten vor meinem geistigen Auge auf, mit denen ich unter keinen Umständen tauschen möchte.

Stefan, der KP-Betriebsrat, hatte in diesem Jahr großes Pech. Zuerst war die Sache mit der CSSR, unserem nördlichen Nachbarland, es wollte ja seinen eigenen nationalen Kommunismus. Der berühmte „Prager Frühling" wurde mit Hilfe von russischen Panzern verhindert. Was blieb, war das Wort „Panzerkommunismus". Die KP wurde gespalten und Stefan wurde mit einigen anderen ausgeschlossen. Dann holte sein Schicksal zum zweiten Mal aus und dies im wahrsten Sinne des Wortes. Er erlitt einen Gehirnschlag. Die Ärzte konnten wohl sein Leben retten und auch die halbseitige Lähmung konnte größtenteils normalisiert werden, aber für eine normale körperliche oder geistige Tätigkeit war er nicht mehr zu gebrauchen.

Jetzt zeigte es sich, dass er keine wirklichen Freunde hatte, am liebsten wäre es allen gewesen – egal ob Arbeiter oder Angestellter – er hätte einer Versetzung in einen anderen Betrieb zugestimmt. Es hatte wohl keiner so viele Reibereien mit Stefan als ich, aber jetzt war er kein Gegner mehr. Jetzt war er ein kranker Mann und brauchte meine Hilfe. Ich konnte keiner Versetzung und auch keiner Minderung seines Lohnes zustimmen.

Am 22. Dezember hatten wir einen tödlichen Arbeitsunfall im Betrieb. Mir fiel die Aufgabe zu, es der Frau des Betroffenen zu sagen, dass ihr Gatte tödlich verunglückt ist. Drei kleine Kinder waren da – ich hätte am liebsten geheult. So ging's mir auch beim Begräbnis – ich hielt die Grabrede.

Und noch etwas passierte mir jetzt zu Jahresende. Auf eisglatter Fahrbahn kam ich mit unserm Auto ins Schleudern und demolierte es an einer Betonmauer. Der Preis für den gebrauchten Wagen war 12.000 Schilling, die Kosten für die Reparatur betrug 8.000 Schilling. Um das Geld aufzubringen, nahm ich eine zweite Arbeit an. Es war dies in einem Radiatorenwerk, dessen Betriebsleiter so wie ich sozialistischer Gemeinderat in unserer kleinen Gemeinde war.

Bei ihm, er hieß Peter, diente ich die Reparaturkosten ab. Im April 1969 war es dann soweit, ich hatte die zusätzlichen 8.000 Schilling verdient und der Wagen war wieder in Ordnung.

Inzwischen hatten wir in der Ortorganisation unserer Partei beschlossen, das vorhandene Kinderfreundeheim zu vergrößern und daraus ein regelrechtes Parteiheim zu machen. Natürlich stellte ich, wie viele andere auch, meine Arbeitskraft freiwillig und unentgeltlich zur Verfügung. Wir waren mit Begeisterung dabei. Von der Grundfeste bis zur Holzbringung für den Dachstuhl machten wir alles in Eigenregie.

Aber es war uns nicht einmal die Begeisterung für ehrenamtliche Arbeit, geschweige ein Erfolg vergönnt. Eine Opposition innerhalb der Partei begann sich zu formieren. Da war zuerst der Bürgermeister, der hätte mich aber nicht sehr gestört. Aber dass er Gemeindewohnungen nach Gesichtspunkten vergab, die eher seinem Geschäft nützten als der sozialen Gerechtigkeit und damit unserer Partei, ging mir arg gegen den Strich. Was konnte ich tun, um solche Dinge in Zukunft zu verhindern?

Ich musste versuchen, unseren Parteiobmann als Vizebürgermeister zu etablieren damit er bei den Gemeinderatssitzungen dabei sein konnte. Aber in der örtlichen Partei war dafür keine Mehrheit zu erhalten. „Unser Bürgermeister und sein Vize haben noch immer alles gut gemacht, wir haben volles Vertrauen!" Diese Leute waren keine kritischen Sozialisten, das waren bestenfalls Vereinsmeier und einige andere kochten ihr eigenes Süppchen.

Dazu zählte ich vor allem das Lehrerehepaar. Aber davon noch später, vorerst arbeiteten immer die gleichen Leute mit Feuereifer am Bau. Im September fand die Arbeiterkammerwahl und im Oktober die Betriebsratswahl statt. Bei diesen BR-Wahlen gingen wir als eindeutige Sieger hervor und ich war von Anfang an aktiver Betriebsrat.

Da „nur mehr" 5.600 Beschäftigte im Werk arbeiteten, konnten nur 23 Mandate für den Arbeiterbetriebsrat vergeben werden, also um ein Mandat weniger. Trotzdem errangen wir wieder unser 14. Mandat.

Während in der Betriebsratsfraktion hart aber fair diskutiert wurde, stand der Cliquenbildung in der Gemeinderatsfraktion Tür und Tor offen. Ja – sie wurde scheinbar noch gefördert. Von Sitzung zu Sitzung verschärfte sich der Ton, dabei tat sich besonders die Frau des Schuldirektors, selbst eine Mittelschulprofessorin, durch unsachliche und persönliche Angriffe hervor. Aber wir waren ja auch nicht aus Pappe und arbeiteten beharrlich darauf hin, dass die Frau Professor – sie wollte nicht als Genossin angesprochen werden – aus dem Gemeinderat eliminiert wurde.

Ich konnte mit diesem Jahr 1969 eigentlich zufrieden sein, obwohl ich am Ende der Parteischule bei meinem Referat hoffnungslos stecken blieb. Ich hatte eine totale Leere in meinem Kopf und konnte beim besten Willen kein Wort mehr herausbringen. Die Lehrer und Honoratioren trösteten mich – „das passiert jedem einmal" sagten sie – aber für mich war es ein Fiasko.

Allerdings hatte ich nicht viel Zeit, über diesen Misserfolg nachzudenken, schon der Alltag eines Betriebsrates lässt das gar nicht zu, außerdem hatte ich auch noch neben vielen anderen Interessen eine Familie.

Unsere Tochter wollte um jeden Preis das Gymnasium besuchen und wir willigten ein, um uns nicht einmal dem Vorwurf auszusetzen, wir hätten eine mögliche Ausbildung verhindert. Jetzt, in der dritten Klasse, kam sie scheinbar nicht mehr weiter. Bei Fremdsprachen konnten meine Frau und ich überhaupt nicht helfen. In Mathematik konnte ich mit Mengenlehre nichts anfangen, so musste unser Töchterlein ohne unsere Hilfe auskommen. Sie wurde immer blasser und schmäler und sie musste die dritte Klasse schließlich wiederholen. Zum Schilauf hatte sie auch kein Interesse, da würde sie mir wohl nicht ähnlich werden.

Das Jahr 1970 fing mit viel Arbeit an, am 1. März Nationalrats- und am 15. März Landtagswahlen. Das hieß, in jeder Nacht mussten Plakatiertrupps unterwegs sein. Andere Genossen mussten unterwegs sein, um diese Werbeplakate zu schützen, denn sonst wurden sie immer in feuchtem Zustand von den Wänden gerissen. Schlägereien waren unvermeidlich. Die Wahl am 1. März brachte unserer Partei die relative Mehrheit und obwohl die gesamte Werbearbeit wir, das Fußvolk, getan hatten, standen jetzt bei der Siegesfeier der Bürgermeister und die Lehrer in der ersten Reihe und klopften sich gegenseitig auf die Schulter.

Etwas muss ich von dieser Wahl noch erwähnen - ich war in einem Wahllokal eines Sprengels Wahlleiter und es passierte folgendes:

Der Verwalter eines Gutes, auf dessen Grund ein Alters- und Pflegeheim stand, kam mit einem Kleinbus und brachte die Insassen dieses Heimes zur Wahl. Forsch erkundigte er sich, wer der Wahlleiter sei und kam dann zu mir, um mir zu sagen, dass alle diese Leute bresthaft seien. Er müsse deshalb mit jedem einzelnen in die Wahlzelle gehen.

Ich sah ihn an und sagte überaus freundlich: „Wir werden sehen, Herr Verwalter.". Dann winkte ich einen nach dem anderen heran, überzeugte mich, dass er lesen und ein Kreuz machen konnte und ließ ihn dann ohne den Verwalter in die Wahlzelle gehen. Diese Leute hatten vielleicht soeben das erste Mal in ihrem Leben frei gewählt. Sie waren stolz und glücklich und sie sahen mich mit strahlenden Augen an.

Nicht so froh und glücklich sah der Verwalter aus, mit der „fürchterlichen" Warnung, dass er sich über mich beschweren werde, verließ er das Lokal. Die restlichen Insassen des Heimes mussten wir mit Privatautos zur Wahl holen. Er hätte allzu gerne „sein" Kreuz auf die Stimmzettel dieser Leute gemacht.

In der Hochstimmung der gewonnenen Wahl wurden die Differenzen innerhalb der örtlichen Partei zurückgedrängt. Bei der Landtagswahl schnitten wir nicht so gut ab, aber es kam kein Vorwurf, dass wir schlecht gearbeitet hätten.

In diesen März fiel auch noch die Hochzeit des Sohnes meiner Frau und ich war Beistand. Wir hatten vergeblich versucht, die Heirat zu verhindern, für mich war er einfach zu jung für eine dauerhafte Bindung.

Im Betrieb hatte ich jetzt einen Vertrauensmann, er hieß Gerd, aber er war mir keine echte Hilfe. Er hatte derart viele private Probleme, die auch in den Betrieb hineinreichten, sodass er für sich allein schon einen Betriebsrat gebraucht hätte. Dabei hatte ich eine Menge Arbeit.

Vom Erzberg wurden Bergarbeiter zu uns ins Hüttenwerk überstellt. Für die Knappen war es eine riesige Umstellung und für unsere Leute eine Belastung, da die volle Leistung verlangt wurde.

Wieder passierte ein tödlicher Arbeitsunfall. Es waren erst 15 Monate vergangen seit dem Letzten, die vielen mehr oder weniger schweren Unfälle wurden schon zur bitteren Gewohnheit. In dieser Hektik wurde Gerd, mein Ersatz, fristlos entlassen. Seine Braut hatte ihn verlassen und fuhr nach Tirol. Daraufhin warf er hier alles hin und folgte ihr. Es war ihm nicht zu helfen.

In dieser Situation, in der ich – angefeindet vom politischen Gegner – beim Obermeister und den Meistern nicht sehr beliebt war und eine Menge unangenehmer Arbeit vor mir hatte, bot sich plötzlich ein neuer Mitarbeiter an. Ich hatte schon öfters mit ihm gemeinsam gearbeitet, aber nicht daran gedacht ihn zu fragen, ob er nicht bei uns in der sozialistischen Fraktion mitarbeiten möchte. Er wollte mir helfen, obwohl er sah – oder weil er sah? – in welchem Dilemma ich momentan steckte. Es wurde eine gute und haltbare Verbindung.

In diesem Jahr beschloss ich, einen Betriebsausflug zur VOEST Linz für meine ganze Belegschaft zu organisieren. Weil wir aber ein Drei-Schicht-Betrieb waren, musste ich an drei Samstagen hintereinander nach Linz fahren.

Am ersten Samstag ging alles glatt und diszipliniert vor sich. Am zweiten Samstag, wir fuhren wieder über das Auseerland heim, hatte ich schon einige Schwierigkeiten als Reiseleiter. In Gmunden hielten wir für eine kleine Rast an, wie vor einer Woche mit den Leuten von der ersten Schicht.

Aber diesmal gingen nicht alle in ein- und dasselbe Lokal, sondern verstreuten sich über die ganze Stadt. Und sie kamen auch nicht nach einer halben Stunde – wie vereinbart – zurück. Ich musste die Leute also suchen gehen, wenn ich meinen Zeitplan einhalten wollte. Da machten sich einige einen Spaß daraus, immer wieder vor mir auszureißen und noch schnell bevor ich kam, einen Liter Wein zu bestellen. Ich machte gute Miene zum bösen Spiel, dank meiner Trinkfestigkeit brachte ich doch alle heil in den Autobus und damit gut heim.

Beim dritten Mal war es dann ganz arg und ich bekam ungefähr ein Bild davon, wie es ist, alleine gegen alle zu stehen. Ich dachte, dass gerade bei dieser Fahrt am meisten Freunde von mir im Autobus seien. Am

Anfang sah es auch so aus, das Besuchsprogramm verlief klaglos, Mittagessen im Werk – keine Beschwerde. Beim Besuch am Pöstlingberg wurde schon ein bisschen mehr getrunken und ich drängte zur Heimfahrt.

Dabei überlegte ich mir, dass es besser wäre, die kürzeste Route durchs Ennstal zu nehmen und dann die Fahrt durchs wunderschöne Gesäuse in Richtung Heimat fortzusetzen.

Ich muss noch erwähnen, dass der Preis für den Bus beträchtlich gesenkt wurde, weil ich mich verpflichtete, jedes Mal vor 21.00 Uhr daheim zu sein. Der Wagen wurde dann gereinigt und fuhr noch in derselben Nacht nach Italien.

Nun, es war heiß und die lieben Freunde und Arbeitskollegen bekamen Durst. Beinahe die ganze Fahrt riefen sie im Chor, dass sie aussteigen möchten. Ich ließ nicht halten – auch durch Admont, einer hübschen kleinen Stadt, fuhren wir durch. Auch hier waren mir zu viele Gasthäuser.

Erst mitten im Gesäuse, dort wo die Straße nach Johnsbach mit dem berühmten Bergsteigerfriedhof abbiegt, ließ ich halten. Dort ist ein geräumiger und sauberer Gasthof und sonst weit und breit nichts. Das war für uns das Richtige, da hatte ich alle schön beisammen und würde – wenn es Zeit wäre – auch alle ganz schnell im Bus haben. Dachte ich und kam mir sehr gescheit vor.

Nun, die Leiden mit dem Durst waren bald vergessen, auch meine Unnachgiebigkeit bis hierher hat mir niemand nachgetragen. Es war eine heitere und ausgelassene Stimmung, die ihren Höhepunkt erreichte, als einem einfiel, dass ich an diesem Tag Geburtstag hatte. Gratulationen folgten, Blumen wurden gebracht und mit jedem musste ich auf ein langes Leben anstoßen. Natürlich musste ich auch auf jeden Tisch einen Liter Wein stellen lassen.

Dann machte ich einen Fehler. Der Fahrer des Autobusses hatte nicht die Zeit übersehen, so wie ich und gab mir ein verstecktes Zeichen, es war 20.30 Uhr und wir sollten schon zu Hause sein.

Jetzt machte ich den zweiten Fehler. Statt von Tisch zu Tisch zu gehen und ruhig mein Versäumnis zu erklären und um Verständnis zu werben, kam der alte Soldat in mir hoch, der alle Probleme mit Gewalt löst. Ich schlug mit der Faust auf den Tisch, dass die Gläser sprangen und erklärte meinen verdutzten Freunden, dass jetzt die Abreise stattfinde und jeder solle gefälligst austrinken.

Den Sturm der Entrüstung ignorierte ich und bugsierte einem nach dem anderen aus dem Lokal. Dann hatte ich endlich alle draußen und im Bus, aber auf meine Frage „hat jeder seinen Nachbarn?" hörte ich unter vielen „Ja" auch ein zaghaftes „Nein". Ein junges Pärchen hatte nicht mit uns gefeiert, sie wollten das alleine tun und gingen in den Wald. Jetzt waren sie nicht da.

Nun machte der Fahrer einen Fehler. Er sagte ganz laut: „Wir haben schon auf Sizilien unpünktliche Leute zurückgelassen!" Wenn ich vorher von einem Sturm der Entrüstung sprach, dann war das nicht übertrieben, aber das hier war ein Orkan.

Die Volkswut entlud sich auf den Fahrer und ich musste ihn in Schutz nehmen, er hatte bisher alles getan, damit ich nicht vertragsbrüchig werde. Aber für Vernunftgründe waren meine Kollegen jetzt taub. Der ganze Autobus schrie auf uns ein, selbst meine Frau, die sich sonst nie einmischte, ergriff gegen uns Partei. Wenn wir auf die beiden nicht warten würden, wollten alle aussteigen.

Ich war schnell wieder nüchtern, unmöglich konnte ich mit einem leeren Autobus von einem Betriebsausflug heimkommen. Wir gingen die Verliebten also suchen. Ahnungslos und engumschlungen fand ich sie, ich konnte nicht einmal schimpfen.

Dieses Fiasko bei dieser Fahrt hat mir als Betriebsrat keinen Schaden gebracht, nach zwei Monaten sagten alle, die dabei waren: „Aber schön war des doch!" Wir fuhren dann alle Jahre irgendwo hin, aber nie mehr an meinem Geburtstag und immer kam ich mir dabei ein bisschen als Dompteur vor.

Wie klein meine Probleme waren, wurde mir bewusst, als ich nach einer Woche erfuhr, dass unser Werksdirektor Selbstmord verübt hatte.

Was muss einem Menschen widerfahren, dass er solches macht? Die wahren Gründe hat man nie erfahren.

Im August dieses Jahres hatte ich einen Arbeitsunfall. Durch eine schadhafte Anschlussstelle an der Pressluftleitung bekam ich einen ganzen Schwall Pressluft in meine Augen und damit auch winzige

Sandkörner. Meine Angst vor Erblindung war unbegründet, aber deshalb nicht minder groß und meine Erleichterung war so stark, dass ich den Krankenstand, den mir der Arzt verschrieb, nicht antrat und sofort wieder arbeiten ging.

Das war auch gut so, denn im Betrieb war eine Nachricht von einem Arbeitskollegen, ich möge ihn im Landeskrankenhaus besuchen. Natürlich ging ich sofort zu ihm und hörte mir an, wie sehr er in der Tinte war.

Er hatte einen Autounfall, bei dem seine Frau und er schwer verletzt wurden. Ins Spital eingeliefert, wurde er erst einmal gefragt, ob er eine private Zusatzversicherung habe. In benommenen Zustand und noch unter Schockeinwirkung sagte er „Ja" und wurde damit Klassenpatient, so wie seine Frau auch. Diese musste noch in der ersten Nacht operiert werden.

Jetzt, nach einer Woche stellte sich heraus, dass er gar keine Zusatzversicherung hatte und er sollte die Kosten privat übernehmen. Ihm stand das Wasser bis zum Hals und ich hörte schweigend zu, während meine Gedanken fieberhaft arbeiteten.

Obwohl meine Hoffnung gering war, versuchte ich es erst einmal beim Verwalter des Krankenhauses. Ich sagte gleich zu Beginn, dass mir bewusst sei, dass ich ein Bittsteller sei und trug in wohlgesetzten Worten mein Anliegen vor. Wider Erwarten fand ich Verständnis und nach fast einer Stunde Verhandlung hatte ich erreicht, dass mein Kollege die bis zu diesem Zeitpunkt angefallenen Mehrkosten nicht zahlen musste.

Allerdings mussten beide das Klassezimmer räumen. Es war für mich ein schöner Erfolg und er trug wesentlich zu meiner Stärkung im Betrieb bei.

Noch etwas geschah in diesem Jahr:

Im Oktober fuhr ich zur Kur nach Bad Gastein. Aber bevor ich dorthin fuhr, hatten wir vom Betriebsrat einen Streit mit der hier ansässigen Brauerei wegen einer fast 10%igen Preiserhöhung. Die Belegschaft war empört. Daraufhin ließen wir kein Brauereiauto mehr ins Werk zu den Kantinen. Ein Bierstreik war ausgebrochen.

Aber er währte nicht lange, es fanden sich geschäftstüchtige Arbeiter und Angestellte, die mit Aktentaschen und Lieferwagen das Bier illegal ins Werk brachten und noch mehr pro Flasche verlangten als die Brauerei. Und sie brachten ihr Bier reißend weg. Alle vorher so empörten Kollegen kauften.

Vom Scheitern des Bierstreiks hörte ich in Gastein, aber dort ging es mir nicht sehr nahe, da war etwas Anderes, dass mir naheging.

Gleich am ersten Tag meines Aufenthaltes lernte ich eine Frau kennen, das heißt, ich glaubte sie schon zu kennen. Ihr ging es ebenso und wir gingen alle Stationen, wo wir waren, durch. Geboren in Ostpreußen, aber als ich dort war, war sie schon weg. Berlin – war ich auch, aber wieder zu einer anderen Zeit. Bremen – da lebte sie jetzt. Als sie hinkam, war ich schon weg. Wir konnten uns also nicht kennen, trotzdem stritten wir uns schon am ersten Tag wie ein altes Ehepaar.

Trotz unsers Alters verliebten wir uns wie zwei Schulkinder und ich erwachte aus diesem Traum erst, als sie ein paar Tage vor ihrer Abreise davon sprach, dass ich so viel Mumm in den Knochen haben müsste, um mich von meiner Frau scheiden zu lassen und zu ihr zu kommen. Ich hätte nicht mehr arbeiten müssen, denn als Witwe nach einem Polizeioffizier war sie finanziell schon gut abgesichert.

Da wurde ich also munter. Wenn ich die letzten drei Wochen keinen Gedanken an die Zukunft verschwendet hatte, jetzt waren meine Gehirnwindungen wieder klar. Liebe Hilla, ich habe dich nicht belogen. Das Ganze war für mich kein Spiel. Aber was wäre gewesen, wenn ich in der Steiermark alles liegen und stehen ließe? Da ist erst einmal der gesellschaftliche Unterschied zwischen uns. Vielleicht hättest du mich in deinem Bekanntenkreis herumgereicht als Mitbringsel aus Österreich oder „erbeutet in Gastein". Ich hätte kein eigenes Einkommen gehabt, wenn ich ein Bier trinken wollte, müsste ich um Geld bitten.

Selbst wenn ich meinen eigenen Stolz begraben hätte können, ich weiß nicht, ob ich ein Glück genießen könnte, welches auf dem Unglück zweier Menschen aufgebaut ist, die zu mir gehören.

Dieser Kuraufenthalt lag mir noch eine Weile in den Knochen, bis mich der Alltag wieder in die Mangel nahm. Inzwischen war das Jahr 1971 angebrochen, in dem gleich zu Beginn eine Hiobsbotschaft auftauchte. Alle Krankenkassen sollten fusioniert werden. Aber jetzt muss ich wieder weiter ausholen:

Es gibt eine Gebietskrankenkasse und daneben haben hier bei uns einige Großbetriebe ihre eigenen Betriebskrankenkassen unter Selbstverwaltung. Während die Gebietskrankenkasse mit Defizit abschloss, konnte unsere Kasse ihre finanziellen Rücklagen aufbessern. Was liegt also nahe? Die eine Kasse auf Kosten der anderen zu sanieren.

Es herrschte bei uns darüber Klarheit, dass wir einen Zusammenschluss verhindern mussten, wenn wir die Leistungen unserer Krankenkasse auf dem bisherigen Niveau halten wollten.

Als der „gute Mann" dann kam, um uns einen Zusammenschluss zum Wohle aller schmackhaft zu machen, lasen wir ihm die Leviten und er merkte, dass er hier auf Granit biss. Der Plan wurde also aufgegeben.

Vier Jahre war der Bischof der Steiermark im Amt, jetzt war er zurückgetreten. Ich hätte es nicht gemerkt, wenn uns nicht der neue Bischof um eine Aussprache ersucht hätte. Diesmal war der Gesamtbetriebsrat geladen, das heißt alle Betriebsräte der Arbeiter und Angestellten – das waren fast 40 Personen.

Um dem Empfang einen festlichen Rahmen zu geben, stellte die Direktion ihren Sitzungssaal zur Verfügung und der neue Bischof wurde vom Werksdirektor wollkommen geheißen. Als Themen stellte der Kirchenmann die Verrohung der Jugend voran und was wir alle tun könnten, um dieser Verrohung Einhalt zu gebieten. Er sprach etwa 10 Minuten über das, was man alles tun könnte und müsste. Dann begann eine Diskussion darüber.

Der erste Redner war der Obmann der Angestellten und er begann, nachdem er sich vorgestellt hatte, mit den Worten: „Herr Bischof, ich bin ein guter Christ." Diese alberne Beteuerung wurden dann von allen Betriebsräten nachgeäfft. Ich schämte mich schon für meine Genossen, aber auch die Kommunisten machten den gleichen symbolischen Kniefall. Dann wurde es mir zu viel und ich meldete mich zu Wort:" Mein Name ist Munz, Herr Dr… Ich bin kein guter Christ, ich bin Atheist. Sie haben sehr schöne Worte gefunden, um der wachsenden Brutalität Einhalt zu gebieten, aber das sind nur Worte. Nach meinen Informationen sind etwa 85% aller steirischen Kinos im Besitz der römisch-katholischen Kirche. Was tun Sie wirklich gegen die Verrohung? Man weiß doch, dass nur in den Kinos Gewalt und Brutalität verherrlicht wird. Tun Sie, außer reden, wirklich was dagegen?"

Während in den Reihen meiner Kollegen Unruhe aufkam, ließ mich der Bischof nicht aus den Augen. Er fixierte mich so, dass mir der Gedanke kam „So sieht eine Schlange den Hasen an". Wir sahen uns in die Augen und ich dachte weiter „Du magst vielleicht eine Schlange sein – aber ich bin kein Karnickel". Ich hielt seinem Blick stand und wenn mich nicht alles täuscht, merkte ich eine leise Unruhe bei ihm.

Nach mir meldeten sich zwei „gute Christen" zu Wort, dann hatte der Bischof das Schlusswort.

Wahrscheinlich war niemand so neugierig auf seine Entgegnung wie ich – er brauchte auch den „guten

Christen" nichts entgegnen, die hatten ihm ja sowieso nach dem Munde geredet. Sein Schlusswort war eine Verteidigungsrede und nicht einmal eine gute, er sagte: „Natürlich haben wir nicht mehr 85% der Kinos in unserem Besitz, bei dem heutigen Kinosterben wären wir ja dumm… und außerdem muss man für einen guten Film mehrere schlechte in Kauf nehmen."

Er hatte nichts bestritten, aber auch nichts Besonderes gesagt. Als Erfolg konnte er jedenfalls seinen Besuch bei uns nicht werten. Das war so um die Jahresmitte. Die meiste Zeit der zweiten Jahreshälfte ging für Verhandlungen um die Arbeitszeitverkürzung auf die 42-Stunden-Woche auf.

Es galt damals einen Ausgleich zu finden zwischen den Notwendigkeiten des Betriebes und den Wünschen unserer Arbeiter. Es kam nicht selten vor, dass wir in einer Woche an fünf Tagen mit dem Betriebsleiter zusammensaßen, um alle Möglichkeiten und eventuell neue Ideen durchzuexerzieren, um dann doch wieder ergebnislos auseinander zu gehen.

Diese Verhandlungen waren keine Streitgespräche, sondern wir suchten alle nach der besten Variante. Inzwischen hatte der neue Betriebsleiter gemerkt, dass ich ihn nicht übervorteilen wollte. Es war schon einige Male der Fall, dass ich ihn vor Fehlern, die er beinahe gemacht hätte, bewahrt hatte. Ein eventueller Vorteil daraus wäre nur gering und von kurzer Dauer gewesen, während das Misstrauen, welches entstanden wäre, hätte ich ihm nicht die volle Wahrheit gesagt, ungleich mehr Schaden für die Belegschaft und mich gebracht hätte.

Ich glaube, dass spätestens um diese Zeit mein Wort schon einiges Gewicht hatte. Nicht nur beim Betriebsleiter oder in der Fraktion, sondern bei der Mehrzahl meiner Arbeitskollegen – darauf war ich besonders stolz.

Allerdings hatte ich jetzt keinen direkten Gegenspieler, Stefan war noch immer im Krankenhaus.

Bei einer unserer nicht sehr häufigen Betriebsbegehungen mit dem Chef fragte dieser unvermittelt: „Sagen Sie, Herr Munz, was halten Sie eigentlich vom Obermeister?" Ohne lange nachzudenken meinte ich: „Nichts." Er wollte eine nähere Erklärung und ich gab sie ihm: „Sehen Sie, der Mann war vor 1938 illegaler Nazi, in russischer Gefangenschaft wurde er Kommunist, für die Anstellung nahm er das sozialistische Parteibuch!" „Was?" rief er „Ihres auch? Aber dann hat der Kerl ja wahrscheinlich alle Parteibücher in seiner Lade!" „Ja", sagte ich, „aber dafür hat er keinen Charakter." Wir sahen uns an und lachten. Wir verstanden uns plötzlich.

Im Herbst dieses Jahres wurden neue Maschinen aufgestellt, es war eine Neuinvestition und keine billige. Ich konnte mir denken, dass sich der Betrieb eine wesentliche Leistungssteigerung erwartete und wollte den Akkord noch vor der zu erwartenden Steigerung einführen. Diesen Braten roch aber auch der Chef von der Betriebswirtschaft. Sie wollten die Maschinen

„einlaufen" lassen und mit dem Akkord noch warten und es trat ein, was ich befürchtete.

Meine „gescheiten" Arbeitskollegen steigerten ihre Schichtleistung für ein bisschen Schulterklopfen eines Vorgesetzten. Es war für mich beschämend zu sehen, wie sie ihre Zeitreserven nur für ein paar schöne Worte verschenkten. Aber gegen Dummheit ist kein Kraut gewachsen – auch bei mir nicht.

Wie des Öfteren unternahmen wir mit dem Auto einen Ausflug. Es waren meine Schwiegermutter und unsere Tochter mit von der Partie. Auf einem steilen Straßenstück leuchtete plötzlich eine rote Kontrollleuchte auf, aber wir waren ja schon fast oben und weil sie wieder aufhörte zu leuchten, fuhr ich weiter bis zur nächsten Tankstelle. Das Geräusch des Motors war derart laut, dass mir der Tankwart Diesel verkaufen wollte. Als ich ihm sagte, dass ich Benzin und Öl brauche, riet er mir, nicht mehr weiter zu fahren. Da es bergab ging, fuhren wir weiter, aber mit dem Motor ging's auch bergab. Der Kolben blieb stecken und wir standen auf der Landstraße. Irgendwie gelang es uns, Oma und Christa in ein Auto zu bringen, welches sie zum Bahnhof brachte. Während meine Frau den ARBÖ zu Hilfe rief, wartete ich beim kaputten Auto und nannte mich einen Trottel auf und nieder.

Das war wieder einmal eine Leistung von mir, auf die ich nicht stolz sein konnte. Im Jänner kaufte ich mir von einem Betriebsratskollegen ein anderes Auto. Natürlich mussten wir auch dafür Geld von der Bank ausborgen.

Nachdem der Sohn meiner Frau, er heißt Alfred und wir nennen ihn Fredi, von meiner Schwiegermutter ausgezogen war, kochte sie nichts mehr für sich, sie schien langsam zu verhungern. Da konnten wir natürlich nicht zusehen und wir bewogen sie, zu uns ins Haus zu übersiedeln. Am Anfang war alles gut und es herrschte eitel Wonne. Über das Andere ein andermal.

Wenn ich gemeint hatte, ich habe als Betriebsrat meinen Betrieb in der Hand, so musste ich mich Anfang 1972 eines Besseren belehren lassen. Obwohl Stefan weg war, hatte der kommunistische Listenführer doch noch so viele Anhänger in meinem Betrieb, dass er den Arbeitsablauf stilllegen und einen Protestmarsch zum Betriebsrat durchsetzen konnte. Trotz aller Bemühungen meinerseits marschierten auch jene Kollegen mit, die keinen Grund zum Protestieren hatten und auch diejenigen, die politisch mit mir sympathisierten, gingen mit.

Sie nannten das Solidarität mit jenen, die bei 8 Stunden Arbeitszeit nur maximal 5 Stunden arbeiteten und jeden Leistungslohn kategorisch ablehnten. Mein damaliger Versuch, mich auf einen Zwei- oder Einschichtbetrieb zu bringen, scheiterte nach einigen Wochen wieder. Dem Obermeister gelang es, meine Unabkömmlichkeit vom Dreischichtbetrieb nachzuweisen. Er warf mir jeden nur erdenkbaren Prügel zwischen die Beine. Aber jetzt klappte es, im März dieses Jahres 1972 wurde ich ganz offiziell von der Betriebswirtschaftsstelle und von meiner Betriebsleitung von der Arbeit im Betrieb freigestellt und hatte mich nur mehr der Betriebsratstätigkeit zu widmen. Der Protestmarsch meiner Arbeiter fuhr der Direktion scheinbar gehörig in die Knochen und half mir, von der Nachtschicht befreit zu werden.

Dafür musste ich mich umso mehr den Menschen und ihren Problemen widmen. Dabei erfuhr ich, dass an der Unzufriedenheit mancher Kollegen gar nicht die Situation im Werk Schuld trug. Manchmal war es die Frau daheim, die entweder mit dem Geld nicht auskam, oder er hatte sie im Verdacht, dass sie fremdging. Manchmal waren es Sorgen mit Kindern oder auch sich selbst, wobei Spielleidenschaft und Trunksucht das häufigste Übel war.

Dazu fällt mir eine Begebenheit ein: Ich hatte in der Betriebsratskanzlei Dienst. Hier ist natürlich den ganzen Tag Parteienverkehr und ich kann mich kaum an eine Zeit erinnern, wo keine Leute vor der Tür standen.

Als nächstes kam eine Frau, sie war breit, stark und robust – ihr Blick verriet neben Sorgen auch eine gesunde Härte. Als sie ihren Namen nannte, wurde ich hellhörig. Der war von meinem Betrieb. Sie erzählte mir, dass ihr Mann schon seit drei Tagen nicht mehr daheim war und dass sie nicht wisse, was mit ihm sei, ich möge doch bitte rückfragen, ob er einen Unfall hatte.

Während sie mir ihre Sorgen schilderte, sah ich im Geiste ihren Mann – er war ein willenloser Trinker und an ihr gemessen ein Wrack. Mir ging weiter durch den Kopf: Heute war Montag, vorige Woche war die

Auszahlung des Monatslohnes. Diesen Monatslohn hat er diesmal doppelt erhalten, da war die Weihnachtsremuneration dabei. Was hat er mit dem Geld gemacht?

Sie redete noch immer, da läutete das Telefon. Der Rechnungsführer unseres Betriebes rief mich an: „Da ist einer, der braucht einen Schnellvorschuss auf seinen nächsten Lohn, aber er hat noch gar nicht so viele Stunden gearbeitet, als er Geld braucht." Ich bat ihn, er möge den Mann doch vorerst zu mir schicken, dann würden wir weitersehen. Es war der Ehemann meiner Besucherin und jetzt ließ ich sie auf ihn los. Eine Zeitlang ließ ich sie allein und als es ruhiger wurde, gesellte ich mich wieder zu ihnen. Sie hatte ihn so weit gebracht, dass er eine Vollmacht unterschrieb, wonach nur sie zur Behebung des Geldes berechtigt war. Genauso ließ ich es bei der Direktion besiegeln. Er würde nie mehr Geld in die Hand bekommen. Hoffentlich gesellte sich zu ihrer Energie auch ein bisschen Weisheit. Aber die letzten zwei Monatslöhne waren weg, er hatte sie beim Kartenspiel – wahrscheinlich an Berufsspieler – verloren.

In diesem Jahr 1972 tauchte das erste Mal das Wort „Stahlfusion" auf. In unserer Fraktion herrschte Klarheit, dass wir es uns als kleines Land nicht leisten konnten, auf allen Märkten und auf vielen Gebieten einen inländischen Konkurrenten zu haben, noch dazu mit dem gleichen Eigentümer.

Im Oktober dieses Jahres waren wieder Wahlen zum Betriebsrat und wir verloren wieder zwei Mandate.

Das Verhältnis war 12: 8: 3. Wir hatten die KP schon auf 6 Mandate und jetzt hatten sie wieder 8. Dabei taten wir buchstäblich alles und die Kommunisten redeten nur, aber ihnen wurde geglaubt.

Aber für diese Niederlage war noch etwas verantwortlich. Unter den ÖVP-Leuten grassierte die Meinung: Wenn man den Sozialisten schaden will, dann muss man im Betrieb die „Kummerln" wählen. Natürlich spielte auch die Hochnäsigkeit einiger meiner Kollegen eine Rolle. Außerdem spielte hier auch noch eine Mitleidswelle mit und das kam so: Beim Hochofen war ein tödlicher Gasunfall. Der Arbeiter im Maschinenhaus hätte bei korrekter Beobachtung der Armaturen das Ausströmen des Gases bemerken müssen und es wäre seine Pflicht gewesen, einen Gasalarm auszulösen.

Er beging eine eindeutige Pflichtverletzung, die einen tödlichen Unfall zur Folge hatte. Der Entlassungsgrund war gegeben und alles war klar. Dieser Mann aber war kommunistischer Betriebsrat, seine Partei setzte Himmel und Hölle in Bewegung, um ihren Genossen vor der Entlassung zu retten, sogar beim Bundeskanzler wurden sie vorstellig. Jedoch gaben wir nicht nach und jeder andere wäre in einem solchen Fall ebenso sofort entlassen worden. Daraufhin mobilisierten sie die Belegschaft, das Resultat war, dass wir zwei Mandate verloren und ich wieder Ersatzbetriebsrat war. Dies war aber nicht sehr lange der Fall. Mitte März 1973 war der Zusammenschluss der zwei großen stahlerzeugenden Konzerne perfekt. Da unser

Obmann nicht die zweite Geige spielen wollte, legte er seine Funktion als Betriebsrat zurück, dadurch kletterte ich eine Stelle hinauf und war wieder „Aktiver".

Heribert aber – der zurücklegte – wurde für unseren Bereich „Sozialdirektor". Wir würden in Zukunft bei allen sozialen Fragen mit ihm zu verhandeln haben und er war kein angenehmer Verhandlungspartner.

Im April dieses Jahres wurde ich zu einem Seminar über die Finanzierung der verstaatlichten Industrie nach Graz entsandt. Aber entweder war es eine Alibiveranstaltung oder der Vortragende war für dieses Thema nicht kompetent – er sprach von Buchhaltung im Allgemeinen. Von etwa 40 Betriebsräten waren zwei, die sich das nicht gefallen ließen. Als wir dem Referenten sagten, dass wir seine Weisheiten schon vor 10 Jahren in der Gewerkschaftsschule gelernt hätten, meinte er, wir könnten ja hinausgehen – und wir zwei gingen.

In dieser Woche habe ich nichts Neues dazu gelernt. Ich saß meist mit Fred in der Sonne und wir hatten viel Spaß miteinander. Er war der Betriebsratsobmann vom Erzbergbau und er hatte einen eigenartigen trockenen Humor. Wir erzählten uns viele Geschichten und eine von seinen Erzählungen möchte ich wiedergeben:

In seinem Bergbau waren die Betriebsratswahlen vorbei und alle Fraktionen feierten gemeinsam den Sieg. Daraus wurde ein fürchterliches Besäufnis und in diesem besoffenen Zustand marschieren alle zum nahen See und fuhren mit dem größten Boot hinaus.

Nun, werter Leser musst du dir einen Bergsee vorstellen, rundherum von hohen Berger umschlossen. Hier begannen sie alle alte Nazi-Lieder zu singen, dass es von den Wänden hallte. Sie sangen lange, jedenfalls lange genug, um der Gendarmarie Zeit zum Ausrücken zu geben. Als der gesamte Betriebsrat wieder zum Anlegeplatz kam (immer noch betrunken), wurden sie verhaftet und für drei Tage eingesperrt.

Während seiner Erzählung verzog Fred nicht einmal eine Miene, nur seine Augen schienen über alles – über die ganze Welt – zu lachen.

In den letzten Jahren hat der Obermeister mit einer Bedienerin ein intimes Verhältnis begonnen. Obwohl sie für schriftliche Arbeit denkbar ungeeignet war, kam sie durch seine Fürsprache als Schreiberin in eine Kanzlei. In diesem Jahr wurde dem Betriebsleiter dieses Techtelmechtel zu viel und er fragte mich ganz beiläufig, was ich wohl tun würde, wenn er die beiden „Damen" vom Büro in einen anderen Betrieb versetzen würde.

Nun, ich hab mir angewöhnt gut zuzuhören und schnell nach zu denken. Diese beiden „Damen" sorgten schon seit ihrem Einzug hier für beträchtliche Reibereien in dem Großraumbüro. Meine Antwort fiel etwa so aus: „Natürlich brauche ich für so eine schwerwiegende Frage eine Bedenkzeit. Aber wenn ich so laut vor mich hindenke, komm ich zu dem Wunsch, dass ich jetzt die Eigenschaften der bekannten drei Affen haben möchte. Jetzt möchte ich blind, taub und stumm sein. Das ist nicht der Fall, trotzdem wird mein Einspruch nur sehr schwach ausfallen!" Der Chef war zufrieden, der Obermeister knirschte mit den Zähnen, wenn er mich sah und im Großraumbüro gab es keine unnützen Streitereien mehr.

Inzwischen war im Zusammenhang mit dem Ausbau des Kinderfreundeheimes einiges geschehen, wir waren noch lange nicht fertig, aber es wurde das Geld knapp. Da kam mir der Besuch unseres Gewerkschaftsbosses sehr gelegen und ich pumpte ihn an. Nachdem er das halbfertige Haus besichtigt hatte, versprach er zu helfen. Das genehmigte Geld sollte aus der Kasse der sozialistischen Fraktion des ÖGB über die hiesige Bezirkspartei an unseren Parteiobmann gehen. Nun, diese Unterstützung aus Wien zerstörte die Hoffnungen unserer innerparteilichen Gegner, dass wir unser Werk nicht vollenden werden können. Es wurde zügig weiter gebaut.

Allerdings gaben unsere Gegner nicht auf, sie änderten nur ihre Taktik. In einem Gasthaus in unserer Ortschaft warf die Frau Professor die Frage auf, ob wir wohl das ganze Geld, welches wir von Wien erhielten wirklich in für den Bau verwendeten – ob wir nicht vielleicht doch mehr erhalten hatten, als wir mit Rechnungen belegen konnten. Es war gegen den Obmann und mich eine Diffamierungskampagne im Gang, gegen die wir uns kaum wehren konnten, denn alle Verdächtigungen wurden nur hinter vorgehaltener Hand weitergegeben.

Bei einer Sitzung frage ich die Frau Professor rundheraus, ob sie einen solchen Verdacht habe und wenn ja, warum sie dann nicht zum Bezirksparteiobmann gegangen sei. Dort hätte sie erschöpfende Auskunft erhalten. Sie antwortete nur schnippisch mit einer Gegenfrage: „Muss ich denn dort hingehen?" Das war eine Frechheit, aber die gesamte Ortsorganisation, fast alle langjährige Sozialisten, schwiegen dazu oder grinsten auch noch hämisch.

Mit diesen Leuten konnte ich nicht mehr zusammenarbeiten, ich legte alle meine Funktionen augenblicklich zurück und verließ mit dem Obmann den neuen Sitzungssaal, den wir gemeinsam geschaffen hatten. Mit dieser örtlichen Parteiorganisation war ich fertig. Nicht nur die Hinterhältigkeit des Lehrerehepaares ärgerten mich, sondern auch die politische Dummheit und Gleichgültigkeit aller übrigen Parteifunktionäre war es, die mich die Türe von außen zuschlagen ließen.

Meine Kindheit fiel mir ein, wo eine geistig träge Arbeiterschaft alle wichtigen Dinge ihren Führern überließ. „Der" und „der" werden das schon machen!

Das Obrigkeitsdenken war trotz 1934 und 1938 und sechs Jahren Krieg nicht weniger geworden, in den Gehirnen der Menschen hat sich nichts geändert!

Auch im Betrieb hat sich etwas getan, wobei mein Idealismus einen argen Knacks bekam:

Im gesamten Walzwerk waren unterschiedliche Jausenzeiten. Während alle übrigen bei der Frühschicht um 9.00 Uhr Pause hatten, war bei uns um 10.00 Uhr

Zeit für das zweite Frühstück. Nun wollte die Direktion die Jausenzeiten vereinheitlichen.

Aus vielen Gesprächen mit Kollegen wusste ich, dass bei der Mehrzahl der Arbeitnehmer eine solche Gleichschaltung begrüßt würde. Dies sagte ich auch sofort zum Chef, als ich gefragt wurde.

Aber da war eine Gruppe von etwa 15 Männern, es war der harte Kern der Kommunisten im Betrieb, die sich beinahe in sektiererischer Weise in einer anderen Halle von allen abkapselten. Diese 15 Burschen waren mit dieser Regelung nicht einverstanden, obwohl sie auch jeden Tag ihre Jausenbrote schon vorher während der Arbeit aßen.

Nun, sie verlangten eine Aussprache mit mir und ich ging hin. Bei diesem Disput, der zum Teil ziemlich heftig geführt wurde, gewann ich den Eindruck, dass sie nur mir etwas am Zeuge flicken wollten. Im Lichte dieser Erkenntnis wurde ich ruhiger und diskutierte gelassen. Diese Leute würden alles, was ich tat, bekritteln. Also warum sollte ich mich aufregen. Aber dann passierte etwas, das mich doch aufregte: Sie drohten mir mit Ohrfeigen. Ich lief nicht weg, obwohl es bald zu einer Schlägerei gekommen wäre, aber ich war ziemlich erregt.

Jetzt musste ich allein sein, ich dachte daran zurückzutreten. Um ganz allein zu sein, meldete ich mich im Betrieb und bei der Sekretärin im Betriebsrat ab und fuhr mit meinem Auto irgendwo in den Wald. Nur einmal Ordnung in meine Gedanken bringen – das war mein Ziel. Hatte ich es notwendig, mich derart behandeln zu lassen? Hatte ich überhaupt eine andere Wahl, wenn ich meine Selbstachtung nicht verlieren wollte? Ich war weit in einen mir unbekannten Wald gekommen. An einem günstigen Platz stellte ich das Auto ab und ging zu Fuß weiter, immer noch tief in Gedanken versunken, ohne dass ich zu einem Resultat gekommen wäre. „Was soll ich tun?" ging es mir ununterbrochen durch den Kopf.

Ich blieb zufällig stehen und sah mich – wie hilfesuchend – um und entdeckte einen wunderschönen Herrenpilz. Natürlich ging ich hin und schnitt ihn ab, sah einen zweiten und einen dritten…. Ich habe dort auf engstem Raum an die 80 Pilze gefunden, überflüssig zu sagen, dass meine Niedergeschlagenheit einer Hochstimmung gewichen ist.

Kein Gedanke mehr an das Zurücklegen meines Mandates – im Gegenteil. Ich, der bisher auch manchmal wider besseres Wissen die Meinung meiner Kollegen vertrat, kam jetzt zur Überzeugung „ihr werdet in Hinkunft das machen, was ich mit dem Betriebsleiter vereinbare!" Und als Nachsatz: „Jetzt erst recht!!!" Nun war ich wieder ich selbst!

Seit einiger Zeit war Stefan wieder da, wie schon erwähnt, hat er doch geistig einiges abbekommen. Es wäre auch seinen ehemaligen „Freunden" recht gewesen, wenn man ihn irgendwo anders hin versetzt hätte, aber ich stellte mich schützend vor ihn. Irgendwie muss er gemerkt haben, wer seine Interessen verteidigte, denn er brachte mir fortan die neuesten Nachrichten und Beschlüsse von den Sitzungen der Kommunisten. Ich war der bestinformierte sozialistische Betriebsrat in Bezug auf die Strategie der KP-Betriebsräte.

In diesem Herbst 1973 waren es zwei Dinge die mich besonders beschäftigten. Da war unsere Tochter, obwohl sie die dritte Klasse Gymnasium wiederholen musste, hatte sie Schwierigkeiten in den Hauptfächern und wir sahen wie sie litt. Es ging einfach über ihre Kräfte. Wie schon so oft, waren meine Frau und ich auch hier der gleichen Meinung – wir sollten unser dünnes blasses Mädchen so schnell wie möglich an die Hauptschule schicken. Wir hatten keine Schwierigkeiten und Christa erholte sich zusehends.

Das zweite Problem war das Dach unseres Hauses. Obwohl kein einziger Dachziegel kaputt war, drang Wasser ein, wenn es regnete. Wir hatten seinerzeit – um Geld zu sparen – schon gebrauchte Dachziegel gekauft. Dieses Billiggeschäft von damals rächte sich jetzt, wir mussten unser Dach nun neu decken. Als wir den Kostenvoranschlag sahen, wurden meine Knie weich. Wir werden uns wieder auf Jahre hinaus verschulden müssen. Da sprang meine Schwiegermutter in die Presche, sie bezahlte den Preis für die Eternitplatten.

Die alten Ziegel schafften meine Frau und ich vom Dach herunter, drei „Pfuscher" deckten den Dachstuhl in Rekordzeit neu ein.

Das neue Jahr 1974 begann für mich mit einer Freudenbotschaft. Mein Intimfeind – der Obermeister – ging in Pension. Ich ließ mir aber nicht anmerken, welche Freude mir sein Abgang bescherte. Die jetzigen Meister und auch der kommende Obermeister waren noch junge Männer, als sie bei uns im Betrieb eingestellt wurden und sagten noch „Sie" zu mir. Außerdem war kein Kommunist dabei.

Ende Jänner in diesem neuen Jahr 1974 verstarb einer unserer Betriebsratsobmänner. Der Sepp war nur um drei Jahre älter als ich und wir waren im gleichen Arbeiterviertel aufgewachsen.

Lieber Freund, hier muss ich von meiner Erzählung über mich ein bisschen abweichen und die Folge der Obmänner und ein wenig auch ihr äußeres Erscheinungsbild beschreiben:

Ich beginne mit Heribert, weil er der erste Obmann meiner Betriebsratszeit war. Er war in den Jahren 1957 bis 1966 ein umsichtiger und energischer Vorsitzender des Betriebsrates. Er hatte wahre Lust am Streiten und er sah nicht auf die Uhr, wenn er irgendwen von irgendwas überzeugen wollte. Kein Wunder also, dass die Sitzungen meist lange dauerten und ermüdend waren. Gemessen an seinen Gegnern hatte er wahrscheinlich die schwersten, aber auch die erfolgreichsten neun Jahre bestritten, ehe er Zentralbetriebsratsobmann wurde.

Nach ihm kam Sepp. Pepperl – wie wir ihn nannten, stand von Anfang an im Schatten von Heribert, außerdem war er ein kranker Mann. Er hatte wohl die Sympathien der meisten Betriebsräte, aber er hinterließ keine große Lücke, als er im Herbst 1970 sein Mandat krankheitshalber zurücklegte. Nach Sepp wählten wir Kurt zum neuen Obmann. Meine Meinung über ihn werden vielleicht nicht alle teilen, daher möchte ich vorsichtig formulieren. Wenn er alle Bücher, die auf seinen Regalen stehen, gelesen und verstanden hat, ist er sicher ein grundgescheiter Mensch. Wenn es weiter stimmt, dass er im Krieg ein mit dem Tapferkeitskreuz ausgezeichneter Leutnant war, müsste er eigentlich ein mutiger Mann sein. Dazu eine kleine Begebenheit:

Als neu gewählter Obmann ging er natürlich von Zeit zu Zeit durch das ganze Werk, wie es seine Vorgänger auch taten. Im Zuge dieser Begehung kam er auch in meinen Betrieb. Die Besonderheiten dieses Betriebes und seiner Belegschaft hatte ich ihm schon vorher geschildert. Alles lief zufriedenstellend ab, bis wir zu jener Gruppe kamen, die mich bedroht hatte. Jene Leute, die keinen Leistungslohn wollten und auch jede Kontrolle über tatsächliche Arbeitszeit ablehnten. Gerade diese Leute beschwerten sich jetzt bei Kurt über ihre niedrigen Löhne. Und was tat Kurt? Obwohl er ihre Löhne kannte und auch die ganze Problematik rund um diese Leute für ihn nichts Fremdes war, tat er pass erstaunt und wandte sich an mich mit der Frage: „Ja, Luis, warum sagst du mir das nicht? Da müssen wir sofort Abhilfe schaffen!"

Nur mühsam gelang es mir, meinen aufkeimenden Zorn zu unterdrücken, ich konnte ihn ja nicht neben den Kollegen bloßstellen, aber verziehen habe ich ihm das nie – unabhängig davon, dass ich ihn ganz gern mochte.

Natürlich traf die versprochene Abhilfe nie ein. Kurt war kein „Steher", er ging immer den Weg des geringsten Widerstandes. Das blieb auch noch so, als er nach der Stahlfusion in den Zentralbetriebsrat wechselte und 1974 die Obmannfunktion niederlegte.

Darauf wartete schon mit großer Ungeduld Adi. Er ist ein großer Mann, der sich jedes Mal bückt, wenn er durch eine Türe geht. Wann man sagt, dass die großen Leute meist gutmütig sind, dann war dieser eine Ausnahme von der Regel. Er ist ein „Machtmensch" und mit ihm werde ich mich ein bisschen mehr beschäftigen soweit es mich betrifft.

Wer weiß, vielleicht wären wir dicke Freunde geworden, wenn nicht meine Unfähigkeit, mich jemandem total zu ergeben, gewesen wäre. Außerdem habe ich etwas gegen „dicke" Freunde. Ich war immer um Distanz bemüht.

Noch bevor Adi Obmann wurde, besuchte ich mit ihm ein Seminar in Graz. Beim Mittagessen in einem gutbürgerlichen Gasthof fragte er mich beiläufig wegen der Stelle des Obmann-Stellvertreters und ich winkte sofort ab: „Erstens bin ich kein Kanzleimensch, zweitens hab ich nur mehr 8 Jahre bis zur Pension, Adi – such dir einen Jüngeren!" Er machte keinen Versuch, mich zu überreden und wir sprachen nicht mehr darüber. Am Nachmittag gingen wir ins Puff.

Er hatte ein bestimmtes Lokal und eine bestimmte Dame im Sinn. Ja, sie war da, aber sie konnte sich beim besten Willen nicht mehr an seine vorangegangenen Besuche erinnern. Wie sehr er ihrem Gedächtnis auch helfen wollte, sie hatte keine Erinnerung daran, stattdessen sah sie mich ganz schmachtend an. Dann wandte sie sich direkt an mich mit der Feststellung, ich sähe knusprig und appetitlich aus. Das hätte sie lieber nicht sagen sollen. Adi sprang mit hochrotem Kopf auf und begann zu schreien: „Was?! Bin ich vielleicht unappetitlich? Bin ich dir zu schlecht? Ich möchte sofort den Geschäftsführer sprechen!"

Sie sah mich ratlos an und ich riet ihr, diesen tobenden Mann zu beruhigen – mit mir würde sie ohnehin kein Geld verdienen und er hätte viel davon. Als sie wieder vom Zimmer herunterkamen, war alles in Ordnung. Dies war mein erstes Erlebnis mit diesem so sonderbaren und vielschichtigen Mann.

Wenn ich noch einige weitere Erlebnisse aufzähle, dann nicht, um jemanden in deinen Augen, lieber Leser, schlecht zu machen, sondern um die menschliche Natur mit all ihren Sonn- und Schattenseiten zu schildern. Auch werde ich diese Begebenheiten nicht nach ihrer zeitlichen Abfolge schildern, sondern so erzählen, wie sie meiner Meinung nach zusammenpassen.

Der „Turm" war also Obmann. Vorbei waren die Zeiten, wo wir in der Fraktion lange und ausführlich diskutierten, wie wir ein anstehendes Problem erfolgreich lösen könnten. Er sprach nicht darüber, was zu tun war, sondern darüber, was er schon getan hatte.

Höchstens teilte er dem Einen oder Anderen eine untergeordnete Arbeit zu.

„Teile und herrsche" schien seine Devise zu sein. Die sozialistische Fraktion war nur ausführendes Organ für SEINE Beschlüsse. Mit unserer Mehrheit im Betriebsrat konnte er fast alles durchsetzen. In dem Ausmaß wie er erstarkte, wurde die Fraktion immer schwächer. Er wurde mit der Zeit einer der „stärksten" unter unseren Obmännern. Trotzdem hatte er – wie man schon gesehen hat – Schwächen. Eine davon:

Ein Arbeiter, dem jeder seine Trunksucht ansah, kam ins Büro des Betriebsrates und beklagte sich, dass er keine Lohnvorschuss bekomme. Eine telefonische Rückfrage im Lohnbüro brachte zu Tage, dass er schon mehr Geld behoben hatte, als ihm in diesem Zeitraum zustand. In diesem Moment betrat Adi den Raum und der Alkoholiker begann zu weinen. Er hätte Hunger, niemand gäbe ihm etwas, alle seien so hässlich zu ihm, dabei täte er niemandem etwas, usw., usw. Auf Adis´s Frage erklärte ich kurz den Sachverhalt. Adi griff in die Tasche und gab dem Mann 500 Schilling. Ich habe das nicht gutgeheißen und sagte das auch. Doch sein Kommentar – „Was soll ich denn tun? Ich kann den Kollegen doch nicht einfach wegschicken?!" – sagt mehr über ihn als viele Worte.

Ein andermal:

Es war bei einer gewerkschaftlichen Lohnerhöhung. Jemand stellte bei der Fraktionssitzung die Frage, ob die 5% Erhöhung vom Grundlohn oder vom Endlohn zu berechnen seien.

Mein Ersatzmann, Reinhard, saß neben mir, wir sahen uns an, als wenn wir irrtümlich in die Sonderschule geraten wären. Wenn 30 Schilling Grundlohn angenommen wird und die Werksprämie 33% beträgt, ergibt das 40 Schilling. Von 40 Schilling 5% dazugerechnet, macht die Summe 42 Schilling. Ich versuchte zu erklären, dass es einerlei ist, ob erst die Werksprämie und dann die Lohnerhöhung berechnet wird oder umgekehrt. Es war unmöglich. Der Obmann selbst machte sich zum Sprecher und schnitt mir das Wort ab mit der Bemerkung: „Das muss einem ja der Hausverstand sagen." Am Nachmittag gab er mir kleinlaut Recht – aber nicht ganz, denn einige hundertstel Groschen wären doch ein Unterschied, er hatte es sich auf der großen Rechenmaschine in der Betriebswirtschaftsstelle vorrechnen lassen.

Ein paar Tage später war ich wieder mit dem Obmann zu Lohnverhandlungen in der Betriebswirtschaftsstelle und er behauptete etwas, das nicht stimmte. Ich wollte ihn nicht schulmeistern, ich wollte ihn nur vor einem Irrtum bewahren, als ich ihm sagte: „Adi, mach keinen Fehler, die Tatsache ist anders!"

Er bekam einen roten Kopf und würde gleich in die Luft gehen. Aber auch der Chef der BWST kannte ihn und versuchte ihm den Wind aus den Segeln zu nehmen, indem er mir den Rat gab, ich solle meinem Obmann nicht so oft widersprechen. Auf diesen Vorwurf war ich vorbereitet, allerdings war ich überrascht, dass er von dieser Seite kam. So sagte ich zum Ingenieur hin: „Ein Freund muss das Recht haben, seinem

Freund manchmal die Wahrheit zu sagen." Und er zurück: „Ach so sehen Sie das". Der „Lange" hat hier wahrscheinlich erkannt, dass ich kein guter Diplomat bin und auch keiner werden würde.

Fortan nahm er mich immer seltener zu seinen Verhandlungen – die das ganze Werk betrafen – mit und er ging auch zu meinen Verhandlungen – welche ja nur meinen Betrieb zum Inhalt hatten – nicht mehr mit.

Aber von einem Mal muss ich noch berichten: Es war eine Routinesitzung der Direktoren und Betriebsleiter, zu der der Betriebsratsobmann immer eingeladen wurde. Da er nie allein zu Besprechungen ging und sonst gerade niemand Zeit hatte, musste ich mitgehen. Wir kamen ein bisschen zu spät und alle Chefs saßen schon da.

Aber wie sie dasaßen! Alle machten sorgenvolle Gesichter und hatten ihre Stirne in Falten gelegt. Statt einer Entschuldigung für unser Zuspätkommen fragte Adi respektlos sofort: „Was ist denn mir euch los? Wo drückt denn der Schuh?" Der Werksdirektor schilderte das Problem, mit dem seine Dipl.Ing.`s nicht fertig wurden. Adi brauchte keine Minute zum Nachdenken, sagte dann: „Das ist ja kein Problem, macht das doch einfach so … und so…. und so …!"

Es war die Lösung und die Chefitäten sahen sich verdutzt an, so mancher wird sich gefragt haben, warum ihm das nicht selber eingefallen sei.

Der „Turm" hatte die Gabe, die ich nur als Intuition bezeichnen kann, die ihn befähigt, sich auch im Kreise wirklich gescheiter Leute zu bewegen.

Mir wurde es in diesem Jahre 1974 ermöglicht, einen eigenen Büroraum in meinem Betrieb zu bekommen und ich wandte mein ganzes Organisationstalent an, um diese Obermeisterkanzlei zu einem kleinen Büro eines Belegschaftsvertreters zu machen. Eine große Statistiktafel an der Wand, wo die Belegschaft aufgegliedert in Lohngruppen mit einem Blick zu ersehen war, sowie das Auf und Ab der verschiedenen Akkorde. Ein kleines Tischchen mit 2 Lederfauteuils und natürlich ein im Kasten verborgener Kühlschrank war mein neues Domizil. Ganz unbemerkt war ich in der Fraktion, im Betriebsrat und in meinem Betrieb der „Alte" geworden.

In diesem Jahr waren noch zwei Dinge die mich besonders bewegten. Das erste war, dass ein Kaufmann aus Wien kam und uns in der Fraktion anbot, die Kosten für den Autobus zu übernehmen, wenn wir bei ihm einkaufen würden. Dieses Angebot nahmen wir an und wir fuhren scharenweise nach Wien, um uns bei dem Juden mit Kleidern einzudecken. Aber auch das ging nicht ohne Ärger ab. Es fing damit an, dass nicht alle Kollegen in diesem Geschäft einkauften, sondern ihre Bedürfnisse anderswo deckten. Einige betrachteten die Fahrt als kostenlosen Ausflug nach Wien und kauften überhaupt nichts und wieder andere versuchten durch Feilschen den ohnedies niedrigen Preis zu drücken. Die Folge war, dass der Geschäftsmann die Fahrtspesen nicht ersetzen wollte wie es vereinbart war. Alle Betriebsräte, die an dieser Aktion beteiligt waren, klagten, dass sie jedes Mal um das Fahrtgeld streiten mussten. Auch mir ging das so.

Das zweite war eine gefährliche eitrige Angina bei unserer Tochter. Es war Wochenende und unser Arzt war nicht zu erreichen. Ich fuhr kurzerhand mit ihr ins Spital. Weil sie aber auf keinen Fall ins Krankenhaus wollte, versprach ich ihr, sie unbedingt wieder mit nach Hause zu nehmen. Und dieses Versprechen konnte ich nicht halten. Der Arzt schüttelte bedenklich den Kopf und meinte: „Das Kind muss hierbleiben, sonst übernehme ich die Verantwortung nicht. Wenn Sie glauben, dass Sie es verantworten können, dann nehmen Sie sie mit!" Christa muss gemerkt haben, welchen Kampf ich mit mir ausfocht – auf der einen Seite die Sorge um sie, auf der anderen mein Versprechen. Da half sie mir, indem sie von sich aus sagte, dass sie im Krankenhaus bleibt.

Ende Oktober bekam ich die Gelegenheit, als Betriebsrat mit unserem Werkschor nach Berlin zu fliegen. Weil der Flug über Ostberlin billiger ist, bekamen wir die Berliner Mauer von beiden Seiten zu sehen. Dieses Bauwerk ist beschämend für die dortigen Machthaber.

Dieses System wird sich gewaltig ändern müssen, wenn es von der breiten Arbeiterklasse, für die es ja von Karl Marx ins Leben gerufen wurde, angenommen werden soll. Aber auch der barfüßige Jesus hat nicht gewusst, was einmal aus seiner Lehre der Nächstenliebe werden würde.

Das Jahr 1975 begann, wie 1974 endete – mit Routinearbeit. Die Arbeitszeitverkürzung brachte neue Schichtpläne, womit natürlich nicht alle Kollegen restlos einverstanden waren. Es war auch durchaus einzusehen, dass jene unzufrieden waren, welche sogenannte „gleitende freie Tage" verfuhren. Das heißt, sie hatten wohl jede Woche einen freien Tag, aber der fiel einmal auf den Freitag, dann Donnerstag und so fort. Nur alle sechs Wochen fiel dieser Tag auf einen Samstag, sodass diese Kollegen nur alle sechs Wochen ein langes Wochenende mit ihrer Familie verbringen konnten. Auf der anderen Seite waren die betrieblichen Erfordernisse zu berücksichtigen, die ja durch Terminwünsche der verschiedenen Kunden vorgegeben waren. Ein Drei-Wochen-Rhythmus, wie er von der Belegschaft akzeptiert worden wäre, stieß auf den Widerstand des Arbeitsinspektors. Obwohl ich mit Engelszungen auf ihn einredete, beharrte er auf Änderung der Schichtpläne.

Er wurde in seiner kleinkarierten Art direkt mein Gegner, obwohl er ja zu unserem Schutz da war. Den Herren der Betriebsleitung war es egal, wie ich mit dem Arbeitsinspektor auf einen Nenner kam, sie hätten ja eine Lösung parat gehabt! Aber damit war ich im Namen meiner Kollegen nicht einverstanden.

Da taten sich die kommunistischen Betriebsräte schon leichter. Sie mühten sich nicht mit besseren Vorschlägen zur Schichteinteilung ab, kaum einer wusste über Art und Wesen der Akkorde oder Prämien wirklich Bescheid. Es genügte ihnen, das ganze

Unternehmen als Gegner, als Feind und uns Sozialisten als deren Handlager hinzustellen. Und immer noch zu viele Arbeiter unseres Werkes fielen auf diese plumpe Propaganda herein. So bekamen die Kommunisten immer noch 5 Mandate von 25 zu vergebenden Mandaten, zwei entfielen auf die ÖVP. Eigentlich war es ein schöner Erfolg und wir waren noch nie so stark, aber wir waren trotzdem noch immer zu schwach.

In diesem Jahr wurde auch eine Aufnahmesperre für unser Werk verhängt. Der „Ölschock" hatte uns mit zweijähriger Verspätung voll erfasst. Im Zuge der notwendigen Einsparungen wurde das gesamte Siemens-Martin-Stahlwerk stillgelegt und dessen Belegschaft auf die übrigen Betriebe aufgeteilt. Auch unserem Betrieb wurden 80 Mann zugeteilt. Dafür mussten jugoslawische Gastarbeiter, die leihweise bei uns arbeiteten, zurück in ihre Firmen.

Bei dieser Gelegenheit brachte ich einen Mann weg, der eine Art „graue Eminenz" oder geheimer Spitzel der jugoslawischen Partei zu sein schien. Auf jeden Fall hatten die ausländischen Arbeiter vor ihm Angst und er schwor mir Rache, weil er in seine Heimat zurückmusste.

In diesem Jahr besuchte ich noch einmal einen Lehrgang über Betriebspsychologie. Einerseits, weil es mich interessierte und zum anderen, weil ich es mir so vorstellte wie damals in Hallein. Aber dem war nicht so. Die Hörer setzten sich ausschließlich aus Betriebsräten zusammen und der Vortragende war ein noch junger, vollbärtiger, langhaariger und ungepflegter

Hippie. Also jene Art von verkrachten Studenten dieser Zeit, die dann doch etwas arbeiten mussten, um nicht unterzugehen. Von Psychologie war keine Rede, davon verstand der gute Mann scheinbar nichts. Also wurde vom Betrieb gesprochen und er erläuterte lang und breit, dass schon unsere Großväter gesagt hätten „Akkord ist Mord" und in den Betrieben wird noch immer Akkord gearbeitet – wo wir doch wissen, dass Akkord „Mord" sei.

Lieber Freund, du kannst mir ruhig glauben, ich versuchte wirklich ruhig zu bleiben. Ich redete mir ein „der wird schon aufhören". Aber er hörte nicht auf. Als er am Mittwoch, dem dritten Tag des Kurses, noch immer das gleiche Thema hatte, platzte mir der Kragen. Immerhin hatte ich noch so viel Beherrschung, dass ich mich anständig zu Wort meldete: „Junger Freund, du redest von den Betrieben im Allgemeinen und von Akkord im Besonderen wie ein Blinder von Farben. Was die Großväter über den Akkord sagten, hat vielleicht für die damalige Zeit gegolten. Damals fuhr man noch mit den Ochsen, heute fliegt der Mensch zum Mond und es gibt elektrische Rasierapparate." Er wollte mich unterbrechen, aber mit der Feststellung „jetzt bin ich am Wort" schnitt ich seinen versuchten Einwand ab, um fortzufahren: „Es gibt große und kleine Tischmesser und jeder weiß, dass schon unzählige Morde mit solchen Messern verübt wurden. Warum schafft man die Messer nicht ab? Weil es darauf ankommt, wer das Messer in der Hand hat, um damit Gutes oder Schlechtes zu tun. Die Abschaffung der Messer würde auch nichts nützen, denn Kain hat Abel auch ohne Messer beseitigt." Je länger ich redete, umso ruhiger wurde ich und ich musste fast lachen als er meinte, mich mit der Frage: „Was glaubst du Kollege, wann Selbstausbeutung vorliegt?" aufs Glatteis führen zu können! Väterlich gönnerhaft antwortete ich ihm: „Falls du es nicht weißt, lieber Kollege, Selbstausbeutung liegt vor, wenn ein Arbeiter seine Gesundheit für Geld hergibt. Aber auch dem kann man vorbeugen!"

Jetzt wurde es lebendig im Unterrichtsraum und der Referent konnte nicht mehr reden wie er wollte, der Bann war gebrochen – jetzt hatte jeder was zu sagen. Am Abend wollte er sein Image etwas aufbessern, indem er mich lauernd fragte, ob ich mit ihm eine Partie Schach spielen würde. Er hatte leider keinen guten Tag und resigniert gab er nach ca. 40 Zügen auf, er war chancenlos und ich war ihm auch keinen Sieg vergönnt – ich mochte ihn nicht.

Als ich von dem Lehrgang, bei dem ich nichts gelernt hatte, heimkam, erwartete mich eine unangenehme Nachricht. Ein Arbeiter meines Betriebes sollte vors Direktionsdisziplinar kommen. Das hieß, er war schon halb entlassen. Das war gegen eine Vereinbarung, die ich mit unserem Betriebsleiter getroffen hatte. Wir waren übereingekommen, dass wir unsere Probleme im Betrieb selbst lösen und nicht sofort die Direktion verständigen sollten.

Zuerst musste ich wissen, was geschehen war, um zu erfragen, was passiert sei. Vorab noch zur Erklärung:

In so einem Eisenwerk ist das Tragen von Schutzkleidung zwingend vorgeschrieben und wird durch einen sogenannten Unfalldienst, dem ein besonders geschulter Ingenieur vorsteht, überwacht. Speziell die Schutzhelme sind aber leider ein schweißtreibendes Requisit, dessen sich jeder gern einmal entledigt. Und hier beginnt diese Geschichte:

Auf seinem Kontrollgang durchs Werk kam der Sicherheitsbeauftragte auch durch unseren Betrieb und sah schon von weitem einen Arbeiter mit kohlschwarzen Haaren, aber ohne den vorgeschriebenen Schutzhelm. Er fragte den Nächsten: „Warum hat dieser Mann dort keinen Helm auf?" „Ach der, das ist ein Jugo" gab dieser zurück, obwohl der, von dem sie sprachen, ein Österreicher war. Nun ging der gescheite Akademiker hin und fragte den vermeintlichen Jugo: „Du, warum du nix Helm auf Kopf?" Dieser schaute den Sprecher verdutzt an, spielte das Spiel mit und sagte: „Nix verstehen!" und ging weg. Aber der Sicherheitsmann gab nicht auf und rief: „Hallo du, warum du nix Helm auf Kopf?" Und wieder die gleiche Antwort „nix verstehen". Das ging drei oder vier Mal so und die Arbeitskollegen standen herum und lachten. Na, beim vierten Mal konnte Fritz, so hieß der Schwarzhaarige, das Lachen nicht mehr zurückhalten und antwortete auf die Frage nach dem Helm „Jo wal i hob eam im Kostn drin vagessn!" Alle bogen sich vor Lachen, nur der Ingenieur konnte nichts Heiteres an der Sache finden und verließ wutschnaubend den Betrieb.

Das war Freitag, gegen Mittag. Er hatte also übers Wochenende keine Gelegenheit für eine Meldung in der Direktion – und wenn ich schnell bin, kann ich eine solche verhindern, ging es mir durch den Kopf. Anfänglich gab sich der Sicherheitsmann kompromisslos und hart, als ich mich für das schlechte Benehmen meiner Leute entschuldigte. Der Gang zur Direktion schien unvermeidlich, da merkte ich, dass es ihm nur um den äußeren Schein ging. In diesem Augenblick hatte ich eine rettende Idee und meinte: „Ich sehe schon, Sie sind nicht umzustimmen, auch gut. Ich persönlich bin froh, dass meine Leute heiter und guter Laune sind. Dass Männer, die hart arbeiten, oft einen derberen Humor haben als die sogenannten Gebildeten, liegt auf der Hand. Jetzt lacht nur mein Betrieb über Sie, nach dem Disziplinarverfahren wird der ganze Konzern über Sie lachen!" Ich gönnte mir eine kleine Pause ..."Die Herren von der Werkszeitung werden sich über die Glosse freuen, die ich Ihnen liefere!"

Da hatte ich ihn jetzt, wo ich ihn wollte – in der Werkszeitung erschien keine Glosse, denn es hat kein Disziplinar gegeben.

Einige Tage danach wollte ich meinen Leuten an diesem Arbeitsplatz eine kleine Moralpredigt halten, wollte ihnen sagen, dass ich nicht jeden Schabernack werde ausbügeln können, da fing das große Lachen wieder an und sie sagten: „Ach alter Luis, du wirst das schon machen, lass uns unseren Spaß!" Sie waren wie eine Horde übermütiger Affen, es war ihnen nicht beizukommen.

Als ich wegging kann ich nicht sagen, dass ich unglücklich oder auch nur besorgt war. Das waren „meine Leute" und ich konnte mich auf jeden einzelnen von ihnen verlassen und ich würde mich auch für jeden von ihnen voll einsetzen. Zwar nicht mit Klauen und Zähnen, aber mit dem ganzen mir zur Verfügung stehenden „Hirnschmalz".

Das Jahr 1976 begann für mich nicht sehr angenehm. Vor 17 Jahren hatten meine Frau und ich aufgehört zu rauchen, sie, weil sie ein Kind erwartete und ich, weil ich es wollte. Jetzt, ein paar Tage nach Neujahr, kamen wir durch Zufall dahinter, dass unsere Tochter Zigaretten rauchte und sie hatte uns belogen. Es nicht nur mein beleidigter Vaterstolz oder die durch die Lüge enttäuschte Liebe, es war auch meine Überzeugung, dass ich ihr mit einer „gsunden Watschn" das Rauchen würde abgewöhnen können.

Lieber Leser, du brauchst mich nicht fragen ob's mir gelungen ist. Nein, es ist mir nicht gelungen. Sie ist jetzt 25 Jahre und raucht zu meinem Leidwesen noch immer. Aber ich hätte ja nur an meine eigene Jugend denken brauchen um zu wissen, dass Schläge immer das Gegenteil von dem bewirken, was sie eigentlich erreichen sollten.

Es passierte wieder einmal ein Arbeitsunfall, bei dem ein Arbeiter am Arm so derart verletzt worden war, dass ihm der Schleimbeutel am Ellbogen austrat. Ich begleitete ihn ins Werksspital, dafür hatte ich einen besonderen Grund: Es war schon einige Jahre her – Heribert war noch unser Obmann gewesen – da kam es zwischen den Ärzten vom Werksspital und mir zu einer Auseinandersetzung. Danach musste ich mich so halb entschuldigen, was mir gehörig gegen den Strich ging. Damals hatten wir einen schwerverletzten Meister. Er hatte eine Rückgradverletzung und wir hatten ihn nicht auf einer Bahre, sondern auf einer ausgehängten Türe ins Werksspital transportiert. Das war um 02.00 Uhr nachts. Die Gerüchte wollten nicht verstummen, dass der Betroffene erst um 08.00 in der Früh ärztliche Hilfe bekommen hat.

Überall wo ich meine Stimme erheben konnte, klagte ich an und forderte eine Untersuchung dieses Falles, aber es kam nicht dazu. Der Primarius befragte den Verletzten, wobei unser Obmann hinter dem Vorhang alles mithören konnte. Der Meister drückte sich um eine klare Aussage, er meinte er habe nicht viel mitbekommen, da er die meiste Zeit ohnmächtig gewesen sei.

Das war also schon einige Jahre her, aber mein Groll auf diese Ärzte dort war noch immer lebendig und deshalb begleitete ich den verletzten Arbeiter. Es war etwas nach 20.00 Uhr und die Nachtschwester sagte: „Bringen Sie mir einen Verletzten?" und nachdem sie den Arm gesehen hatte weiter: „Er soll sich da auf die Bank setzen, Sie können wieder gehen!" Ich erwiderte, dass ich auch bleiben möchte. In einem bestimmten Ton wiederholte sie: „Sie können gehen!" Nun, ich war noch nie ein folgsamer Mensch und tat meist das Gegenteil von dem, was man von mir erwartete. Schon etwas gereizt stellte ich fest: „Ich bleibe!" worauf sie beinahe im Befehlston antwortete: „Nein, Sie gehen!"

Jetzt war's um meine Beherrschung geschehen: „Schwester, mein Name ist Munz, ich bin Betriebsrat und ich will wissen, wie lange es dauert, bis ein Arzt da ist!" Ihre Augen wurden groß. Erschrocken sah sie mich an, drehte sich wortlos um und ging. Wenige Minuten später war ein Arzt da. Dieser Herr Doktor würdigte mich keines Blickes und es war auch nicht zu erkennen, ob er grantig war, weil man ihn vom Fernsehapparat weggeholt hatte oder geweckt hatte. Seine Miene war ausdruckslos. Er ist Levantiner.

In diesem Jahr kam unsere Christa aus der Schule und machte die Aufnahmeprüfung als Bürolehrling für Industriekaufmann im Werk. Diesen Test bestand sie nicht mit so glänzendem Erfolg, dass man sie hätte unbedingt nehmen wollen. Sie wäre eher abgelehnt worden, aber da sprach unser Betriebsratsobmann ein Machtwort und sie wurde als Lehrling aufgenommen. Mir hatte Adi gönnerhaft auf die Schulter geklopft und gemeint: „Das werden wir schon machen, du brauchst keine Sorge haben!" Ich aber hatte das Gefühl gekauft worden zu sein.

Im Betrieb war noch immer Aufnahmesperre, die galt aber nicht für gewerbliche Werkschüler und Bürolehrlinge. Aber da wurde jetzt „gesiebt", da wurden nur Kinder genommen deren Vater bei der sozialistischen Partei war. Unwillkürlich musste ich an meine Jugend denken, wo auch „gesiebt" wurde, aber von den Anderen.

Vielleicht gab es jetzt auch irgendwo einen Jungen, der gerne seinen Traumberuf in der Werksschule lernen würde. Aber er konnte nicht, weil sein Vater aus irgendwelchen Gründen nicht der sozialistischen Partei beitritt. Hört das denn nie auf?

Auf der einen Seite werden in der Privatindustrie Leute entlassen, die der Sozialdemokratie nahestehen oder auch nur einen Gewerkschaftsbeitrag leisten, auf der anderen Seite sind es Sozialisten, die den gleichen Fehler mit umgekehrten Vorzeichen begehen. Und alle reden von Frieden und Menschlichkeit!

In diesem Jahr hatten wir wieder einen tödlichen Arbeitsunfall. Obwohl ich schon eine gewisse Routine bei Begräbnisansprachen hatte, ersuchte ich in diesem Fall einen befreundeten Betriebsrat, die letzten Worte am offenen Grab zu sprechen. Nicht nur, dass ich mit Anselm jahrelang an einem Arbeitsplatz an dem gleichen Werkstück arbeitete, auch unsere Familien waren befreundet und dann waren da auch noch vier halbwüchsige Kinder, die an ihrem Vater hingen. Wahrscheinlich hätte ich kein Wort herausgebracht und war froh, dass ein anderer für mich einsprang.

Mein Büro im Betrieb hatte nicht nur gute Seiten, auch Negatives ist zu berichten: Bei den jetzt möglichen Aussprachen einzelner Arbeitskollegen oder Gruppen und mir als Belegschaftsvertreter wurde auch immer getrunken. Jetzt wäre ich nicht ehrlich, wenn ich sagen würde: „Ich konnte es beim besten Willen nicht abstellen" Die Wahrheit ist, ich hab's nie versucht. So kam es, dass auch ich manchmal zu viel erwischte, besonders dann, wenn ich eine Flasche Schnaps im Kühlschrank hatte.

Ein kühles Bier und einen „Klaren", das lieben nicht nur unsere nördlichen Nachbarn. So kam's, dass ich wieder einmal erst am späten Nachmittag leicht benommen mit schweren Schritten hinauswankte. In einem solchen Zustand habe ich mich immer sofort hingelegt, denn wenn ich wachbleibe, überfällt mich leicht der Allerweltsschmerz und ich fange wegen „nichts" zu weinen an.

An diesem Abend merkte ich noch nicht, dass ich meine Lesebrille verloren hatte. Als ich nach einer Woche diese noch immer nicht gefunden hatte, musste ich noch einmal zur Augenärztin. Es war Nachmittag, im Februar 1977. Die Ärztin untersuchte meine Augen, wiegte bedenklich den Kopf, dann bestellte sie mich für den nächsten Tag. Kaum hatte ich den Warteraum betreten, war ich auch schon an der Reihe. Gleiche Untersuchung wie am Vortag, dann die Frage: „Dürfen Sie starken Kaffee trinken?" Nach meinem: „Ja, das mir niemand verboten" - „Dann trinken Sie heute Mittag zwei Tassen und kommen am Nachmittag wieder!"

Nach der dritten Untersuchung eröffnete sie mir: „Sie haben den grünen Star, Sie werden wahrscheinlich blind werden. Sie dürfen keinen Kaffee, keinen

Tropfen Alkohol und keinen Tee trinken!" Dann gab sie mir das Rezept für eine Augensalbe, die Anweisung für den Optiker und wünschte mir viel Glück!

Und ich war draußen, in den Augen noch immer diese Tropfen, nach denen man eine halbe Stunde nachher noch immer nichts sehen kann. So kam ich auf die Straße und lief geradewegs meinem Obmann in die Hände. Die Frau Doktor hatte die Holzhammermethode benutzt, ich kam wie betäubt auf die Straße. In rasender Geschwindigkeit gingen Gedanken und Bilder durch mein Hirn und alle hatten einen gemeinsamen Mittelpunkt, das war der Satz: „Sie werden wahrscheinlich erblinden."

Ich würde meine Tochter und meine Frau nicht mehr sehen, auf keinen Berg mehr gehen, im Winter nicht mehr Schifahren. Ich würde mir immer sagen lassen müssen, ob die Rosen, die ich mit viel Liebe ums Haus pflanzte, wohl schon blühen. Ich war absolut am Boden zerstört. Da stand plötzlich dieser große Mann vor mir, den ich beinahe umgerannt hätte.

„Ja Luisl, was ist denn mit dir los?" Diese Stimme kannte ich, sie war mir vertraut, auch wenn ich den Menschen nicht gleich erkannte. Aber dann wusste ich, wer es war und ich konnte ihn auch wie durch einen dichten Nebel sehen. Er muss sofort begriffen haben, dass mit mir etwas nicht stimmte, denn er nahm mich am Arm und wir gingen in eine nahe Konditorei. Dort wollte er für mich ein Bier bestellen, aber ich wandte sofort ein: „Kein Bier, keinen Alkohol!" Seine

Überraschung war begründet, denn ich schlug ja solche Einladungen normalerweise nicht aus.

Bei einer Tasse Schokolade erzählte ich ihm dann, redete mir alles von der Seele. Wahrscheinlich würde ich jetzt auch mein Mandat als Betriebsrat zurücklegen müssen. Er hatte mir geduldig zugehört und mich nicht unterbrochen, wie es sonst seine Art war und dann hat er es verstanden, mir die ärgsten Ängste zu nehmen. „Vielleicht hat sich die Ärztin geirrt, wir werden in Wien einen international anerkannten Facharzt ausfindig machen, außerdem kann man den grünen Star operieren. Du musst keine Angst haben, wir werden alles tun, um dir dein Augenlicht zu erhalten."

Dass ich den ersten Schock so relativ gut überstand, daran hatte sicherlich der Lange einen beträchtlichen Anteil und auch bei der Suche nach einem hervorragenden Augenarzt hat er Wesentliches beigetragen. Schon bald wurde mit einem Professor in Wien ein Termin vereinbart, der meine Krankheit wohl bestätigte, mir aber versicherte, dass von Blindheit keine Rede sein könne. Das Verbot Kaffee, Tee oder Alkohol zu genießen sei auch nicht so ernst zu nehmen, vielmehr müsste ich mich vor jeder größeren Menge als 1/3 Liter in Acht nehmen, egal welche Flüssigkeit das ist. Sechs Mal war ich bei dem Professor in Wien, für jeden Besuch – wobei er mich immer abends bestellte – für jeden Besuch also hätte ich 600 Schilling bezahlen müssen. Aber dann, als es ums Zahlen ging, meinte er nur: „Sie sind ja kein reicher Mann, geben Sie mir also 1.000 Schilling." Damit wünschte er mir viel Glück, aber etwas wärmer und herzlicher als die Ärztin in meiner Heimat.

Das Leben ging also für mich weiter, mit etwas weniger trinken, aber sonst mit den gleichen Sorgen.

Vor etwa 11 Monaten hatten wir meinen Freund Anselm begraben und jetzt hatten wir schon wieder einen tödlichen Arbeitsunfall. Die Serie riss nicht ab, es war wie verhext. Und es war zum Verzweifeln, wenn man das Leid der Angehörigen mitansehen musste. Dann kamen auch immer Kriminalbeamte in meinen Betrieb und pirschten sich an die einfachsten Arbeiter heran, um einen Schuldigen für das tragische Ereignis zu finden.

In diesem Jahr verschuldeten wir uns wieder für 12 Jahre, wir ließen bei uns im Keller einen Zentralheizungsofen installieren, um auch den ersten Stock mit Warmwasser versorgen zu können. Jetzt hatten wir es überall im Haus warm und außerdem weniger Staub und Schmutz in den Räumen. Für diesen „Luxus" müssen wir aber bezahlen.

Lieber Freund, das ganze Jahr 1978 verging ohne Höhen und Tiefen, wenn man davon absieht, dass ich mir gleich im Jänner beim Schifahren die Achillessehne abriss. Da ich nicht gleich den Ernst der Lage erkannte und noch zwei Tage herumhumpelte, wurde die Operation im Landeskrankenhaus unnötig komplizierter.

In diesem Zusammenhang fällt mir doch noch etwas ein. Als ich mich nach einigen Wochen Krankenstand

– in denen ich von Reinhard gut vertreten war – wieder gesund meldete, besuchte mich der Betriebsleiter in meinem Büro. Nach den üblichen Höflichkeitsfloskeln kam er zum eigentlichen Grund seines Besuches und das war eine kurze, präzise Frage: „Liegt gegen den Meister XY irgendetwas vor?" und weiter „Ich meine – liegt eine Klage des Belegschaftsvertreters vor?"

Nun, ich bin lange genug Betriebsrat um zu wissen, dass man sich die Antwort auf eine solche Frage sehr gut überlegen muss, wenn man nicht einen argen Fehler begehen will. Um Zeit zu gewinnen, stellte ich mich ein bisschen dumm und naiv: „Das versteh ich jetzt nicht, das musst du mir näher erklären." Ungeduldig erwiderte er: „Was gibt´s da näher zu erklären? Ich will wissen, ob es von deiner Seite – Betriebsrat oder Belegschaft – etwas gegen den Meister vorzubringen gibt!"

Natürlich wusste ich, worum es hier ging, Georg – der Betriebsdirektor – wollte den Meister von seinem Posten entheben und ich erkannte blitzartig, dass er mir dafür die Verantwortung zuschieben wollte. Er wollte sagen können, dass der Betriebsrat Munz den Schichtmeister derart belastet hat, dass er gar keine andere Wahl hatte, als diesen von seiner Position zu entfernen.

Aber dieses Spiel mach ich nicht mit. In Anbetracht dessen, dass es eine gesetzliche Verjährungsfrist gibt, sagte ich: „Diese Frage hättest du vor drei Jahren stellen sollen, da hätte ich viel zu erzählen gehabt. Jetzt ist mir nichts Nachteiliges bekannt." Mit dieser Auskunft musste er sich zufriedengeben, aber dir, werter Leser, bin ich noch eine nähere Erklärung schuldig und ich beginne mit der Beschreibung des Chefs:

Er war ein kleiner, hagerer, asketisch wirkender Mann mit Sommersprossen und rötlichen Haaren, dass er aus Kärnten war, hätte er auch beim besten Willen nicht abstreiten können. Als ich ihn zum ersten Mal sah, musste ich an den Leutnant in Finnland denken, das heißt aber nicht, dass ich gegen den Chef eine Antipathie entwickelt hätte. Unser Verhältnis zueinander war nicht konfliktfrei, aber korrekt. Etwas Anderes war die Sache mit dem Meister. Dieser Mann ist Alkoholiker, er brauchte täglich seine „harten" Getränke. Seine Tochter studierte und gab das Geld viel schneller aus, als er es hätte verdienen können. Die Folge war eine chronische Geldknappheit, die weiteren Folgen waren Schulden und zwar Schulden bei seinen Arbeitern.

Einige haben ihm hohe Geldbeträge geborgt, andere sind als Bürgen bei verschiedenen Banken für ihn gutgestanden. Insgesamt hatte dieser Mensch einen miesen Charakter, so ist auch der Weg zu verstehen, den er einschlug, um seinen Schnaps zu bekommen: Angefangen hat es damit, dass er nur jene jugoslawischen Gastarbeiter zu den begehrten Sonntagsüberstunden einteilte, die Schnaps aus ihrer Heimat mitbrachten. Ich bin nicht eingeschritten, weil keiner unserer Arbeiter dadurch einen Nachteil hatte. Aber jetzt musste der

Betrieb eingreifen. Der Meister hatte einem Gastarbeiter eine Sonntagsschicht geschrieben, obwohl dieser gar nicht anwesend war. Wie oft er schon den Betrieb auf diese Art betrogen hat und damit seinen Schnaps bezahlt hat, weiß ich nicht. Aber eines war mir klar: Wenn dieser Meister entlassen wird, haben die Gläubiger – meine Arbeitskollegen – keine Chance, je wieder zu ihrem Geld zu kommen. Aber dies war nicht Gegenstand meiner Überlegungen, ich wollte vom Chef nicht als Werkzeug benutzt werden!

Die Volksabstimmung über das Atomkraftwerk Zwentendorf fand im November dieses Jahres statt. Ich habe nie verstanden, warum sich unsere Partei in dieser Sache so engagierte, die ÖVP hat ohne Volksabstimmung zu bauen begonnen. Jetzt, da einige Milliarden Schilling verbaut sind, wird das Volk befragt – ich kann nicht an die Weisheit unserer Führungspolitiker glauben. Das Resultat endete auch mit 50,5% Neinstimmen.

Wie all die Jahre vorher, so endete auch dieses Jahr 1978 mit einer Unmenge von Weihnachtsfeiern der verschiedensten Vereine in den Ortschaften rund um das Werk. Da sind Sport-, Musik-, Gesangs- und Kleintierzuchtvereine ebenso vertreten wie Schachklubs und alle wollen vom Betriebsrat eine finanzielle Unterstützung für ihr Vereinsleben.

Alle laden natürlich den Betriebsratsobmann zu ihrer Weihnachtsfeier ein und fast in jedem Schreiben kommt der kleine Satz vor: „Wir hoffen keine Fehlbitte getan zu haben ..." Da der Obmann nicht überall hingehen kann, delegiert er seine Betriebsräte. So passierte es, dass wir im Dezember oft keinen einzigen Samstag oder Sonntagabend zu Hause waren. Manchmal fielen auch gleich drei oder vier Feiern auf einen Tag. Das waren immer anstrengende Wochen, wobei die Leber am meisten zu leiden hatte.

1979. Das Jahr begann mit Urlaub! Ich faulenzte zu Hause herum, bevor dann wieder der Ernst des Lebens begann.

Lieber Freund, habe ich dir schon berichtet, dass meine Frau und meine Tochter doch noch ihre Liebe zum Schilauf entdeckten?

Bei Christa war's ja kein großes Problem, aber meine Frau war doch schon 48 Jahre alt, als sie das erste Mal in ihrem Leben auf Schiern stand. Es gab zwar Schwierigkeiten, aber wir schafften es ohne Knochenbrüche soweit, dass beide viel Freude und Spaß an dieser Sportart hatten.

Der ganze Lernprozess ist natürlich mit viel Komik und manchmal auch mit Tränen verbunden. Eine Szene will ich schildern:

Wir hatten auf einem kleinen Übungshang den Stemmbogen schon ordentlich geübt und ich meinte nun, es sei an der Zeit, den Schlepplift zu benützen. Gesagt – getan. Als wir an der Reihe waren und auch endlich richtig standen, hielt uns der Liftwart den Bügel unter den Hintern – und meine Frau hat sich draufgesetzt. Natürlich saß sie am Boden und ich bekam fast einen Wutanfall, denn die Leute hinter uns lachten oder schimpften. Das passierte aber nur einmal, dann wusste sie, wie man´s macht.

In diesem Jahr 1979 fuhren meine Frau und ich das erste Mal auf Schiurlaub nach Südtirol. Es war einfach herrlich und die Organisation klappte so gut, dass die ganze Woche ein einziges schönes Erlebnis war.

In diesem Winter kam ich aber noch einmal in den Genuss von einer Woche Schiurlaub und dies quasi dienstlich. Die Gewerkschaftsjugend veranstaltete in diesem Winter zum zweiten Mal eine „Sport- und Bildungswoche" und sie wollten die ganze Woche einen Betriebsrat dabeihaben. Die Betriebsräte der anderen Fraktionen wurden zu solchen Aufgaben überhaupt nie herangezogen und von unserer Fraktion war ich der einzige Schifahrer! So ein Pech!

Es war mir sozusagen auf den Leib geschrieben und nicht zu nehmen, dass ich eine ganze Woche mit der Jugend auf einer Hütte auf der Schloßalm im Gasteinertal oder auf dem Goldeck in Kärnten verbringen durfte.

Mit den Jugendlichen verstand ich mich ausgezeichnet, auch mit den Erziehern und Lehrern gab´s keine Reibereien, allerdings kamen wir mit den Hüttenwirten nicht immer ganz ins Reine. Aber im Grunde genommen waren es nur Kleinigkeiten, die durch die lockere Atmosphäre auf einer Almhütte in Verbindung mit der nicht immer vorhandenen Selbstdisziplin ein ordentliches Zusammenleben auf engstem Raum erschwerten.

Ansonsten verging das Jahr ohne besondere Vorkommnisse, Sitzungen und Besprechungen der Lohn-, Wohnungs- oder Kulturkommissionen, daneben verschiedene Konferenzen und dazwischen immer öfter Reden und Ansprachen bei Begräbnissen, wobei die Verstorbenen meist gleich alt und manchmal sogar jünger waren als ich.

Die großen Auseinandersetzungen im Betrieb, bei denen es meist um das Prestige ging, gehörten der Vergangenheit an. Es war mir gelungen, die eingefleischten Kommunisten zu isolieren und gleichzeitig für mich einen Mitarbeiterstab – bestehend aus vier Männern – aufzubauen. Alles streitbare, junge Burschen die nicht nur die sozialistische Politik in ganz Österreich, sondern auch meine innerbetriebliche Vorgangsweise mittrugen. So kam es, dass mein Wort nicht nur im Betrieb, sondern überall schon einiges Gewicht hatte. Und davon wollte jemand profitieren.

Obwohl mich Kurt vor meinen eigenen Leuten ganz schön hereinlegte, als er damals bei seinem Betriebsbesuch bei mir so tat, als wüsste er nicht um die Höhe der Löhne und ich allein sei schuld, weil ich ihm keine Mitteilung machte, verband uns doch eine gewisse Sympathie. Dies kam meist bei gelegentlichen Sauftouren zutage.

Diesmal war es wieder einmal so weit und wir hatten schon die dritte Kneipe verlassen und steuerten auf die Vierte zu, als Kurt zu erzählen begann, wie viel die anderen Konzernbetriebe mehr hätten als wir. Er hätte ja jetzt den Einblick, das alles sei die Schuld des jetzigen Obmannes – er, Kurt – hätte es Adi schon des Öfteren gesagt, aber der rührt sich nicht, usw.

Dann platzte die Bombe: Mit den meisten Betriebsräten der Fraktion sei er sich schon einig, mit Hilfe einer Kampfabstimmung sollte der „Lange" seiner Funktion entbunden werden. Es fehlt eigentlich nur noch der Munz mit seinen Männern, um eine sichere Mehrheit bei dieser Abstimmung zu garantieren.

Von einer Sekunde auf die andere war ich fast nüchtern. Was wollte der hier von mir? Das kam beinahe einem Verrat gleich. Ich war empört, dass er mir das zutraute und das sagte ich ihm auch. Ziemlich zerstritten gingen wir auseinander. Noch in der Nacht fasste ich den Entschluss, den Obmann von diesen Plänen in Kenntnis zu setzen umso mehr, als ja die Einheit der Fraktion auf dem Spiel stand.

Am nächsten Vormittag, es war Sonntag, hörte mir Adi schweigend zu, erkundigte sich dann, ob er meinen Namen nennen dürfe, was ich natürlich bejahte.

Wie alles abgelaufen ist, weiß ich nicht. Die Palastrevolution hat nicht stattgefunden und der „Lange" war stärker als zuvor. Nur Kurt hat mich nicht mehr angesehen – für ihn war und bin es auch heute noch: ein Verräter.

Gleich zu Beginn des Jahre 1980 wurde ich wieder von der Jugend eingeladen an ihrer Sport- und Bildungswoche teilzunehmen. Diesmal ging's auf das Goldeck bei Spital an der Drau. Der Hüttenwirt war ein Schlitzohr und wir mussten ihn mit einer Drohung, eine schriftliche Meldung und Beschwerden einzureichen, zur Räson bringen.

Die Woche verlief fast ohne Unfall. Wir hatten wohl keinen Schiunfall, aber etwas Anderes wäre bald passiert. Bei dieser Urlaubswoche waren neben den männlichen Lehrlingen auch weibliche Lehrlinge dabei. Das Verhältnis war 40:10 und die Erzieher wachten streng auf Moral.

Trotzdem kam es manchmal vor, dass mich ein Mädchen aus meiner Gruppe fragte, ob sie sich in einer Hütte aufwärmen dürfe, während ein Junge aus einer anderen Gruppe zur gleichen Zeit dringend aufs WC musste. Und dann saßen sie händchenhaltend in einer Ecke der Wirtschaft, bis der Lehrer sie wieder hinausjagte. Ich habe mich dabei stets herausgehalten, denn Liebe ist für mich so etwas Erhabenes, dass es noch vor dem Schilauf einzuordnen ist.

Jetzt zu dem „Fastunfall": Ein Junge, vielleicht knapp 15 Jahre alt, hatte sich in ein Mädchen verliebt, oder was er dafür hielt. Das Mädchen war schon über 16 Jahre, außerdem größer als er und sie hatte ganz sicher schon Erfahrung im Umgang mit Männern. Als der Bub merkte, dass er für sie nur Spielzeug war, griff er zur Flasche. Wie viel er getrunken hat, weiß ich nicht. Er war sternhagelvoll und lag am Boden, als man uns hereinrief. Alle redeten durcheinander: Von Alkoholvergiftung, Rettung, Bergrettung, Hubschrauber und Lebensgefahr war die Rede. Es dauerte eine Weile, bis ich neben ihm stand. Dann hob ich den Kleinen erst mal aufs Bett und sah mir seine Augen an. Die Pupille verkleinerte sich — er ist nicht ohnmächtig.

Also jagte ich alle Mädchen raus, entkleidete ihn, dann trugen wir ihn ins Bad. Dort brachte ich ihn soweit, dass er sich erbrach, wir bearbeiteten ihn mit Wechselbädern, bis er seine Lehrer wiedererkannte. Danach rieben wir ihn trocken und legten ihn in sein Bett. Am nächsten Tag war er wieder gesund – zumindest körperlich!

Im Betrieb war es – wie gesagt – relativ ruhig und ich traf in aller Stille alle Vorbereitungen für eine baldige Pensionierung. Dazu gehörte, dass ich meinen Nachfolger in alles, was Betrieb oder Betriebsrat betraf, einweihte und auch zu allen Sitzungen und Besprechungen nahm ich Reinhard mit. Dabei fiel mir auf, dass er ein ausgesprochen unpünktlicher Mensch war. Sogar zu einer Verhandlung mit dem Werksdirektor kam er seine obligaten fünf Minuten zu spät. Alle sahen mich an, als trüge ich die Verantwortung für sein Zuspätkommen. Aber mein ganzer Ärger und meine Vorhaltungen halfen nichts, er schien Pünktlichkeit überhaupt nicht zu kennen. Später habe ich mich darüber nicht mehr aufgeregt, wenn er es von mir nicht lernt, irgendwann wird er erfahren, dass es ohne Pünktlichkeit nicht geht.

Während es also im Betrieb keine großen Aufregungen gab, ging es zu Hause eher turbulent zu.

Lieber Freund, ich hab dir ja schon erzählt, dass unsere Tochter Raucherin ist. Jetzt erfuhren wir auch noch, dass sie seit einiger Zeit so gut wie verlobt ist.

Der Auserwählte war ein Junge aus der Nachbarschaft, mit dessen Familie ich nicht an einem Tisch sitzen möchte. Der Schock für meine Frau und mich war groß, umso mehr, als es aussah, als würde sich unsere Christa eher von uns als von dem Jungen trennen. Wir hatten schon resigniert, denn alles Schimpfen nützte nichts. Als sie dann spät – aber nicht zu spät – von dem farblosen Jüngling abließ, war die Welt für uns wieder heil.

Weil ich dachte, dass vielleicht das Auto, welches er besaß, sie zu einer Wiedervereinigung veranlassen könnte, bezahlte ich ihr den Besuch der Fahrschule.

Und da gab's auch schon wieder Ärger. Nach drei Wochen Unterricht sollte sie zur Prüfung antreten, schützte aber Kopfschmerzen vor, um der Prüfung aus dem Weg zu gehen. Jetzt begann ich, sie daheim zu drängen, doch diese Prüfung zu machen und mein Zureden gipfelte etwa so: „Natürlich besteht die Gefahr, dass du durchfällst. Aber wenn du vor jeder Prüfung, vor jedem Test und vor jeder Gefahr davonläufst, dann kannst du gleich anfangen zu laufen, denn das Leben ist voller Prüfungen und Gefahren!"

Da war sie dann soweit. Trotzig stand sie auf, trat zur Prüfung an … und hat diese auch bestanden. Meine Schwiegermutter gab ihr dann das Geld für einen gebrauchten VW Käfer – damit war sie unabhängig. Auch ihr Selbstbewusstsein war ungemein gestärkt.

Von diesem Jahr 1980 ist nur noch erwähnenswert, dass wir mit unserer Fraktion nach Rumänien ans

Schwarze Meer flogen. Der Flug war ein einziges Besäufnis und auch in Mamaia hörte ich mit dem Whisky trinken nicht auf. Ich ließ mir nicht einmal Eis ins Glas geben, denn der Kellner griff mit seinen Händen in den Eimer und seine Fingernägel hatten breite „Trauerränder".

Ich war also in einem ständigen Trancezustand und so ist es zu verstehen, dass aus meiner Bekanntschaft mit einer rumänischen „Schönen" nichts wurde. Sie ging wohl mit auf mein Zimmer, zog sich in atemberaubender Schnelligkeit aus und legte sich voller Erwartung aufs Bett. Erstens hatte ich zu dem Zeitpunkt erst meine Schuhe ausgezogen, zweitens rührte sich bei mir überhaupt nichts. Beim besten Willen konnte ich ein trunkenes Lachen nicht unterdrücken und sie begann in ihrer Sprache zu schimpfen. Da war's mit meiner Beherrschung ganz aus. Mein Gelächter muss sie sehr verletzt haben, sie zog sich wieder an – ging und würdigte mich keines Blickes mehr. - Arme Mariana, du musst dir einen Andren suchen!

Meine Kollegen versuchten mich noch lange nachher deswegen aufzuziehen, sie nannten sie „Portschungula" wegen dem Lied „… schön bist du bei Nacht" aber da stieg ich nicht ein, ich fühlte mich nicht betroffen.

So ging mein letztes volles Arbeitsjahr zu Ende, 1981 würde ich im Herbst noch die Betriebsratswahlen mitmachen, aber mich nicht mehr aufstellen lassen.

Dann würde ich mich krankmelden und um die Pension ansuchen. So hatte ich es geplant und alles dafür vorbereitet.

Ein eigenartiger Zufall will es, dass meine 81. handschriftliche Skriptseite auch das Jahr 1981 beschreibt.

Im Jänner fuhr ich mit der Jugend wieder ins Gasteiner Tal. Neben dem Genuss unbeschwerten Schilaufens mit Jugendlichen hatte ich noch ein sehr schönes Erlebnis und werde es auch erzählen:

Diese Woche hieß Sport- und Bildungswoche und kostet die Lehrlingen bzw. ihre Eltern fast nichts. Da wir den ganzen Tag auf Schiern sind, ist der Abend der Bildung vorbehalten. So sind die langen Winterabende auf der einsamen Berghütte hoch über Bad Hofgastein mit Vorträgen, Diskussionen und Rollenspielen ausgefüllt. Es kann sich auch kein Jugendlicher ausschließen, auch ich nahm meist daran teil.

Von einem solchen Abend möchte ich berichten:

Thema war das Jugendschutzgesetz. Alle 50 Lehrlinge hörten mehr oder weniger gelangweilt zu und nahmen wahrscheinlich gar nicht richtig auf, was der Vortragende vorlas. Die meisten spürten erst hier in der angenehmen Wärme ihre Müdigkeit.

Jetzt hatte er den Text vorgelesen und nun sollte diskutiert werden. Aber ich merkte, dass keine Diskussion zustande kommen würde und beschloss, die Jugend ein bisschen zu provozieren und meldete mich als erster zu Wort. Sinngemäß sagte ich etwa folgendes: „Ich höre immer nur das Gerede von den Rechten der Jugendlichen, niemand sagt ihnen, dass vor den

Rechten die Pflichten kommen. Vor dem Preis kommt der Schweiß. Ich glaube es war Einstein, der sagte – Genie ist Fleiß – und weil wir gerade bei Einstein sind, wisst ihr, was Energie ist? Ja, ich weiß was man in der Schule lernt – Energie ist Masse mal Lichtgeschwindigkeit – aber Energie ist noch etwas. Energie ist die Fähigkeit, Arbeit zu leisten, aber nicht wie ein Fahrrad, das getreten werden muss, damit es sich bewegt. Menschliche Energie heißt, Arbeit zu verrichten ohne einen Antreiber hinter sich zu haben!"

Was ich wollte, war nur ein bisschen provozieren, nur ein bisschen wachrütteln. Aber ich hatte mich in einen Eifer hineingeredet, mein Situationsbewusstsein, auf das ich mir so viel zugutehielt, hatte mich verlassen. So trat ich den Rückzug an, denn die Jungen und Mädchen würden meinen Beitrag gleich zerpflücken.

Es herrschte vollkommene Stille als ich fortfuhr: „Dies, liebe junge Freunde, war kein wohlüberlegter Vortrag, es war eine Erkenntnis aus meinem Leben und jeder kann es sich zu Herzen nehmen oder auch nicht. Jedenfalls danke für eure Aufmerksamkeit"

Atemlose Stille – dann stürmischer Beifall.

Ich war überrascht, dass keine kritische Gegenstimme zu hören war, nur Zustimmung. Dann wollte sich der Vertrauensmann in Szene setzen und meinte, dass ich mit meinen 50 Jahren natürlich mehr wüsste ...

Ich fiel ihm ins Wort: „Was sagst du? 50 Jahre? Ich bin 59 Jahre alt und dies ist das letzte Mal, dass ich mit euch Jugendlichen mitfahren konnte." Wieder folgte donnernder Applaus, ich wusste gar nicht, dass man einen solchen Lärm machen kann und ich wusste außerdem nicht, dass es mich innerlich so berühren würde. Ich ging hinaus, damit man das Glitzern in meinen Augen nicht sah.

Über diese Jugend wird so viel gelästert und die meisten Kritiker sehen nur das Negative, aber ich glaube, dass sie viel besser ist als ihr Ruf und dass wir, die sogenannten Erwachsenen, meist nicht den Mut aufbringen, diesen Jugendlichen die Wahrheit zu sagen, schon gar nicht über uns selbst.

Die kühle Nachtluft vor der Hütte tat mir gut, ich war von einem wunderbaren Glücksgefühl erfüllt. Das Funkeln von Abermillionen Sternen versprach für den morgigen Tag wieder herrliches Schiwetter.

Im Feber fuhr ich mit meiner Frau wieder nach Südtirol, um eine Woche lang dem Schisport zu frönen. Es war wieder ganz herrlich, auch für meine Frau war es wieder ein wunderschöner Urlaub.

In diesem Frühjahr wurde in mein Büro eingebrochen. Da hing an der Wand ein Sparvereinskasten, der wurde ruiniert, aber man hatte ihn nicht plündern können. Mein Schreibtisch wurde aufgerissen und alles durchwühlt, aber ich hatte nie irgendwelche Reichtümer aufbewahrt. Der Einbrecher musste ohne Beute wieder abziehen. Wir holten wohl die Kriminalpolizei, aber meines Wissens wurde der Einbrecher nie gefasst.

Nach der diesjährigen Gesundenuntersuchung hob der Arzt wieder einmal mahnend den Finger und meinte, dass meine Leberwerte unter aller Kritik seien: „Herr Munz, man sieht Ihnen an, dass Sie kein Alkoholiker sind, aber Sie trinken einfach zu viel" na ja …

Im Oktober dieses Jahres werden Wahlen zum Betriebsrat sein, mein Name wird nicht mehr aufscheinen. Wenn ich geglaubt hatte, noch eine Menge Zeit bis dahin zu haben, irrte ich mich gewaltig. Die Zeit zerrann mir buchstäblich unter den Fingern. Der Oktober war da und mit ihm die Wahlen. Reinhard war an guter Stelle und schlug sich auch gut. Am Tag der Wahl begann mein Plan wegen der Pensionierung wirksam zu werden, ich meldete mich krank. Über mein Vorhaben war natürlich der Kassenarzt informiert, so ging ich also zum Werksarzt, damit dieser meine vorzeitige Pensionierung befürwortet.

Zu diesem Zweck brachte ich alle Befunde der Gesundenuntersuchung vom Hausarzt mit, trotzdem wurde ich noch einmal gründlich untersucht. Nächste Woche wiederkommen wurde mir gesagt. Als ich dann wieder da war fixierte mich der Arzt so komisch: „Was ist los mit Ihnen, Herr Munz?" „Was soll denn los sein, bin ich schon bald tot?", fragte ich zurück. Aber die Sache war weniger drastisch. Ich hatte die schon erwähnten Befunde vom Hausarzt da und die waren „unter aller Kritik". Die Untersuchung im Spital ergab, dass ich kerngesund bin, auch die Leber hat keinen Schaden, die Werte normal. Jetzt wollte er wissen, wie so etwas möglich ist und ich sagte es ihm auch.

Da kommt ein Zeitpunkt, wo es mich vor Alkohol – welcher Art auch immer – ekelt. Dann trinke ich eben Milch. Das ist das ganze Geheimnis. Aber jetzt kam der „Haken" zu Vorschein, wenn ich kerngesund bin, kann der Doktor unmöglich eine vorzeitige Pensionierung aus Krankheitsgründen vorschlagen. Da fiel mir meine Augenkrankheit, der grüne Star, ein. Und das war's dann auch, am 1. Feber 1982 ging ich – vier Monate vor der Zeit – in den Ruhestand.

Bei den nun folgenden Verabschiedungen wurde immer vom wohlverdienten Ruhestand gesprochen. Das erste Abschiednehmen war in der Fraktion. Bisher hatten alle angehenden Pensionisten einen großen Zinnteller mit den eingravierten Namen aller Fraktionsangehörigen als Geschenk erhalten. Das war jetzt zu teuer, ein Kugelschreiber und ein Füllhalter waren auch genug.

Ich weiß nicht mehr, welche Worte gesprochen wurden, aber es war erhebend.

Die zweite diesbezügliche Feierlichkeit war die vom Gesamtbetriebsrat. Es war beinahe eine Massenabfertigung, denn wir waren vier Kollegen, die verabschiedet wurden. Zwei von der sozialistischen und zwei von der ÖAAB-Fraktion. Unsere „Verdienste" wurden gebührend gewürdigt und jeder konnte sich je nach Dauer der Zugehörigkeit zum Betriebsrat ein Geschenk in einer bestimmten Preisklasse wünschen. Mein Wunsch war ein Musikturm im Wert von 15.000 Schilling, das war auch das obere Limit.

Bei der dritten Feier überkam mich einen Augenblick lang eine gewisse Rührung. 36 Jahre arbeitete ich in diesem Betrieb, davon war ich 20 Jahre Betriebsrat und Vertrauensmann. Ich kannte jeden einzelnen beinahe besser als er sich selbst und für viele, die jetzt hier saßen und auf mich schauten, habe ich irgendwann privat oder dienstlich die eine oder andere heiße Kastanie aus dem Feuer geholt.

Jetzt nahm ich also Abschied und bedankte mich für das Geschenk, das mir Reinhard in ihrem Namen übergab. Es war ein großer Zinnkrug mit vier schönen Zinnbechern. Reinhard kannte meine Schwäche für Zinngeschirr.

Mit dem Bericht über meine vierte Abschiedsfeier werde ich auch die Geschichte meines Lebens beenden, obwohl ich hoffe, dass dieses selbst noch einige Zeit dauern möge.

Dieses vierte Abschiednehmen war im Rahmen der Krankenkassen-Hauptversammlung. Alle Ärzte vom Werksspital, an die ich keine allzu gute Erinnerung hatte, waren anwesend. Außerdem mein Fraktionskollege Ossi, wir waren bei der Feier des Betriebsrates schon beisammen. Dieser Ossi war, kaum in Pension, schon wieder Obmannstellvertreter des örtlichen Rentnerverbandes. Hier im Werkshotel wurde ein kleines Essen gegeben, dann wurde unser unermüdlicher Einsatz zum Wohle der Versicherten gewürdigt und zum äußeren Zeichen des Dankes erhielt jeder einen Zinnbecher. Dann war der offizielle Akt vorbei und es wurde zum gemütlichen Teil übergegangen. Wie das so ist, spricht dabei jeder mit jedem und mir kam der Gedanke, entweder haben diese Ärzte ein schlechtes Gedächtnis oder sie können sich so gut verstellen, denn keiner verzog bei meinem Namen eine Miene.

Mit meinen Gedanken kam ich aber nicht weit, denn Ossi wollte mich zum Rentnerverband anwerben. Auf mein: „Kommt ja gar nicht in Frage!" mischte sich sofort Adi (er ist auch Krankenkassenobmann) ein. Beinahe laut und heftig kann seine Frage: „Warum nicht? Jeder anständige Sozialist tritt auch dem Rentnerverband bei!"

Entweder war's der Ton oder das Argument mit dem „anständigen Sozialisten" – auf jeden Fall reizte mich etwas zum Widerspruch. Aber da muss ich vorher noch etwas erzählen:

Es war schon einige Jahre vorher in der Weihnachtszeit, ich musste für Adi zur Weihnachtsfeier der Feuerwehr gehen. Es war Samstag, ich war den ganzen Tag Schilaufen gewesen und hatte eine herrliche Bräune. So verzichtete ich auf den Anzug und ging sportlich leger mit meiner Frau zur Weihnachtsfeier, denn auf der Einladung stand „mit Gattin". Obwohl Adi vorher sagte, er habe keine Zeit, kam er doch zu dieser Feier. Er war über meine sportliche Kleidung so entrüstet, dass er mir vor allen Leuten eine Szene machte und auch meiner Frau Vorhaltungen deswegen machte. Mir war das ganze Theater schon peinlich, aber meiner Frau noch mehr.

Das war schon einige Jahre vorher, aber ich habe es nicht vergessen. Wir saßen hier in einem Extrazimmer des Hotels und der Obmann hatte mich etwas gefragt und zwar so laut, dass alle Gespräche verstummten.

Alle sahen uns an. Vollkommen ruhig, als hätte ich mich auf diesen Augenblick vorbereitet, antwortete ich ihm: „Pass auf Adi, ich bin jetzt 60 Jahre alt. 60 Jahre musste ich immer das tun, was andere von mir verlangten und mir befahlen. Ich musste mir sogar sagen lassen, welchen Anzug ich anziehen soll und ob ich eine Krawatte umbinden muss oder ob ich ohne gehen darf. Ab sofort ist das anders, ich mach nur mehr das, was mir passt und was mir Spaß macht. Ich werde mich vor keinen Karren mehr spannen lassen!"

Das Ganze hatte ich nicht sonderlich laut gesagt, trotzdem bin ich überzeugt, dass es alle gehört haben und es herrschte betretene Ruhe.

Zum Aufbruch gab's natürlich allgemeines Händeschütteln, bei dem ich in das starre Gesicht des levantinistischen Arztes doch eine Grimasse zauberte, in dem ich seine schmale so (herzlich) drückte.

Adi wollte mit mir noch ein Glas Sekt trinken, aber ich lehnte ab.

Ich hatte meiner Frau versprochen, dass ich heute noch im Garten den Boden vorbereitete. Der nächste Tag war ein Lostag. Da fiel mir ein, dass auch Voltaire seinen Candide nach dessen vielen Abenteuern, Erfahrungen und Erkenntnissen heim nach Flandern gehen ließ, um dort seinen Acker zu bestellen.

10.10.1982 – 05.05.1985

Ich danke von ganzem Herzen

meinen Eltern Alois & Maria Munz für ihr Lebenswerk.

meinen Freundinnen Tina & Margit, die tatkräftig mitgeholfen haben, „Munz!" zu verwirklichen.

Christa Handler, 2021

FSC
www.fsc.org
MIX
Papier | Fördert
gute Waldnutzung
FSC® C083411

Zeitfracht Medien GmbH
Ferdinand-Jühlke-Straße 7
99095 Erfurt, Deutschland
produktsicherheit@kolibri360.de